Étaient-ils les Saints des Astronautes ? – Une Vision Transcendante sur l'Exploration de l'Univers

Rogerio Cietto

Published by Rogerio Cietto, 2024.

Étaient-ils les saints des astronautes ? – Une vision transcendante sur l'exploration de l'Univers
Publié par Rogerio Paiva Cietto sur Draft2Digital

Levez les yeux et regardez les hauteurs.
Qui a créé tout cela ?
Celui qui met en mouvement
chaque étoile de son armée céleste,
et appelle tout le monde par son nom.
Ton pouvoir est si grand
et sa force est si immense,
qu'aucun d'entre eux ne manque d'y assister !
Isaïe 40, 26

INDICE

1. INTRODUCTION

Chrétien, quelle est ton espérance ? Priez pour gagner à la loterie ? Travailler dur pour créer et entretenir votre famille ? Vous attendez que les pouvoirs publics résolvent tous vos problèmes ? Échapper aux grandes villes et vivre à la campagne ? Construire un abri souterrain et attendre la destruction de l'humanité ? Si l'un de ces espoirs est votre espoir, vous pouvez rester assis, car votre espoir est vain et dénué de sens.

J'explique. Ou plutôt, je laisserai la Parole de Dieu expliquer votre manque d'espoir. « Comme il est heureux celui dont le Dieu de Jacob est le secours, dont l'espérance est dans le Seigneur, en son Dieu », Psaume 145 (146), 5. Vous placez votre espérance dans les choses de ce monde, comme l'argent, votre l'effort individuel, le progrès matériel, scientifique et technologique de l'humanité. Ce sont des dons de Dieu pour nous, mais ils périssent à mesure que le papillon de nuit les consomme et que le voleur les vole, et ils n'apportent pas de véritable espoir.

Apprenez des saints de l'Église, qui ont amassé des trésors dans le ciel et qui y sont dans le bonheur éternel et en union avec Dieu. Ils ont simplement suivi le modèle divin de Notre Seigneur Jésus-Christ, Vérité éternelle, voie de salvation et de vie pleine. Bien sûr, chacun des saints avait un mode de vie différent, ils étaient mariés ou célibataires, vivaient dans la pauvreté ou étaient rois de grandes nations ; il leur suffisait de bien vivre l'Évangile, simplement et fidèlement, en défiant les persécutions, les tentations et les convoitises auxquelles nous devons tous faire face.

Depuis le début de l'histoire humaine, nous avons été mis au défi, et depuis Adam et Ève, nous avons découvert le prix à payer pour quitter le chemin suggéré par Dieu. Avec nos premiers parents, tout allait bien, puisqu'ils avaient été créés par Dieu comme nous le voyons dans la Genèse. Mais avec la rédemption par Jésus-Christ, nous trouvons un endroit encore meilleur, où nous pouvons aller si nous avons attendu avec dévouement et agi en conséquence.

Il s'avère que les progrès scientifiques et technologiques que nous avons connus depuis la fin du XXe siècle jusqu'à nos jours ont amené la grande majorité de l'humanité à croire qu'il est possible de réaliser tout ce qui est bon dans ce monde avec suffisamment de connaissances et de ressources pour dépenser à cet égard.

En fait, nous avons réalisé des progrès inimaginables en matière technique et scientifique au cours des cinquante dernières années. Les gens croyaient qu'à notre époque, nous aurions des remèdes à tous les types de maladies, la téléportation, de (bonnes) nourritures imprimées et une domination totale sur la nature. Quiconque était fan de Star Trek doit se souvenir de la célèbre phrase :

« L'espace, dernière frontière. Ce sont les voyages du Starship Enterprise, dans sa mission d'explorer de nouveaux mondes, de rechercher de nouvelles vies et de nouvelles civilisations, en allant là où aucun homme n'est allé auparavant. »

Concrètement, la proposition est la suivante : réunissons un groupe de personnes douées d'un haut degré de curiosité, prêtes à laisser leur famille derrière elles (ou à les emmener dans l'espace), à risquer leur vie et à passer toute leur existence à errer, à la recherche de connaissances. . C'était leur espoir, rechercher la connaissance.

Comparez maintenant cette motivation avec celle décrite par Pero Vaz de Caminha à propos de la première arrivée du Portugal au Brésil, dans l'escadre dirigée par Pedro Álvares Cabral :

« Cependant, le meilleur résultat que l'on puisse en tirer me semble être de sauver ces personnes. Et ce doit être la graine principale que Votre Altesse doit y semer. Et s'il n'y avait rien de plus que d'avoir Votre Altesse ici, cette auberge pour cette navigation de Calicut suffisait. Combien plus encore, la volonté de s'y conformer et de faire ce que Votre Altesse désire tant, à savoir ajouter à notre foi ! »

(<http://www.dominiopublico.gov.br/download/texto/ua000283.pdf>)

Les Grandes Navigations, en effet, ont donné beaucoup de fruits, et je ne parle pas d'or, de bois du Brésil ou d'épices. La foi catholique a atteint toute l'Amérique grâce à ces courageux pionniers, qui ont affronté l'inconnu, les maladies, les indigènes cannibales et les animaux sauvages. Ils ont perdu la vie, mais ils cherchaient la vie éternelle. Bonne affaire.

Nous connaissons l'arbre par ses fruits (Luc 6, 44), et si aujourd'hui nous avons saint Joseph d'Anchieta, saint Antonio de Sant'Anna Galvão, sainte Dulce dos Pobres, Beata Nhá Chica, la bienheureuse Albertina Berkenbrock, le père Cícero, le père Léon et De nombreuses âmes pieuses qui ont obtenu la grâce de l'union éternelle avec Dieu ont vécu cette grande entreprise dans le Nouveau Monde.

Est-ce que ça valait la peine ?

« Tout en vaut la peine
Si l'âme n'est pas petite.
Qui veut aller au-delà du Bojador
Il faut aller au-delà de la douleur.
Dieu a donné le danger à la mer et l'abîme,
Mais en lui, Il reflétait le ciel (les cieux). »*

Fernando Pessoa

*en portugais le mot « céu » est utilisé pour désigner le ciel (matériel) ou les cieux (spirituel).

La personne doit se demander : quels fruits notre exploration spatiale apportera-t-elle à l'humanité, sans un objectif surnaturel de sauver les âmes ? Si nous trouvons une vie intelligente sur d'autres planètes, pourquoi y allons-nous ?

Pour acquérir des connaissances ? Faux, si un jour il y a des voyages interstellaires, nous serons déjà à un tel niveau de connaissances qu'il n'y aura pas besoin d'apprendre grand-chose des autres civilisations.

Pour enseigner nos connaissances ? Également faux, cela ne sert à rien de risquer nos vies pour propager quelque chose qui pourrait être envoyé via un ordinateur doté d'un grand écran, d'un haut-parleur puissant et d'un capteur à déclenchement automatique.

Explorer de nouveaux mondes comme le tourisme spatial ? Peut-être, mais qui risquera sa vie dans un voyage d'au moins quatre ans et demi, un calendrier très optimiste si l'on considère qu'un jour nous pourrons voyager à la vitesse de la lumière ? Même si c'est avec la technologie actuelle et que le voyage est limité à notre système solaire, cela vaudrait-il la peine de passer six mois de votre vie juste pour atteindre la planète la plus proche ?

Aucune de ces options ne me semble très attrayante, car ce n'est pas quelque chose qui valorise l'âme. C'était la raison des navigations, et si ce n'est dans une intention surnaturelle de sauver des âmes... malheureusement tous ces efforts pour atteindre l'espace n'ont aucune valeur spirituelle.

Bien sûr vous direz : les navigateurs ne savaient pas ce qu'ils allaient trouver ! C'est vrai. Mais en tout cas, l'intention était de sauver leurs propres âmes, en accomplissant l'ordre que Notre Seigneur avait clairement exprimé avant son ascension : « Allez dans le monde et annoncez l'Évangile à toute la création » Marc 16, 15.

Les explorateurs portugais ne voulaient même pas acquérir de connaissances et n'avaient pas non plus l'arrogance de penser qu'ils allaient enseigner des choses à d'autres personnes moins évoluées. L'intention était d'ANNONCER DES VÉRITÉS ÉTERNELLES, et non un développement scientifique et technologique.

Maintenant, cela veut-il dire que vous défendez qu'il y a des vies sur d'autres planètes, et qu'on y va pour les évangéliser ? Faites attention : je ne sais pas s'il existe ou non de la vie sur d'autres planètes, ni si cette vie est suffisamment intelligente pour recevoir la bonne nouvelle de la Parole de Dieu, c'est-à-dire posséder une âme immortelle. Cependant, je dois aborder cette question comme des hypothèses, et rien de plus.

Dans cet humble ouvrage, nous aurons de nombreuses citations bibliques et scientifiques, donc si vous préférez approfondir les questions théologiques et technologiques, n'hésitez pas à interrompre la lecture, à confirmer (ou éventuellement à réfuter) les informations que je partage et à revenir à votre lecture.

Mais soyons clairs : la vision catholique de questions telles que les voyages dans l'espace et la vie sur d'autres planètes doit être conforme à la doctrine catholique, au magistère de l'Église et, sans aucun doute, à la Parole de Dieu. Selon les paroles de saint Jean-Paul II :

« La foi et la raison (fides et ratio) constituent en quelque sorte les deux ailes par lesquelles l'esprit humain s'élève jusqu'à la contemplation de la vérité » (Encyclique *Fides et Ratio*).

La foi sans raison est une crédulité aveugle, typique des païens. La raison sans foi est un scepticisme immanent, typique des athées. Mon engagement, loin de ces deux erreurs, est avec la vérité, du moins avec ce que Dieu a permis jusqu'à présent de se révéler aux êtres humains.

Je vous demande simplement de lire jusqu'à la fin avec un cœur et un esprit ouverts, même si vous n'êtes pas d'accord avec tout ce qui est écrit. Au final, vous comprendrez certainement le raisonnement et pourrez mieux tirer vos conclusions.

2. L'ASCENSION DE JÉSUS ET L'ASSOMPTION DE MARIE

« Après ses souffrances, Jésus s'est présenté à eux et leur a donné de ***nombreuses preuves incontestables qu'il était vivant.*** *Il leur apparut pendant quarante jours, leur parlant du Royaume de Dieu. Un jour, alors qu'il mangeait avec eux, il leur donna cet ordre : « Ne quittez pas Jérusalem, mais attendez la promesse de mon Père dont je vous ai parlé. Car Jean a baptisé d'eau, mais peu de jours plus tard. tu seras baptisé du Saint-Esprit. » Alors ceux qui étaient assemblés lui demandèrent : « Seigneur, vas-tu restaurer le royaume d'Israël en ce moment ? Il leur répondit : « Ce n'est pas à vous de connaître les temps ou les dates que le Père a fixés de sa propre autorité. Mais vous recevrez une puissance lorsque le Saint-Esprit viendra sur vous, et vous serez mes témoins à Jérusalem, dans tous les domaines. Judée et Samarie, et jusqu'aux extrémités de la terre. » Cela dit, il s'élevait très haut à leurs yeux, et une nuée le cachait à leurs yeux.* ***Et ils regardèrent le ciel pendant qu'il montait.*** *Soudain apparurent devant* ***eux deux hommes vêtus de blanc,*** *qui leur dirent : « Galiléens, pourquoi regardez-vous vers le ciel ? Ce même Jésus, qui a été enlevé d'auprès de vous au ciel, reviendra de la même manière que vous l'avez vu. monter."* Actes des Apôtres 1, 3-11.

Tout chrétien, quelle que soit sa confession, connaît bien ce passage : après la Passion et la Résurrection, Notre Seigneur apparaît aux disciples avec les instructions finales : Je m'en vais, mais j'enverrai l'Esprit Saint pour guider chacun dans son apostolat, témoignant avec sa vie et avec des mots tout ce que Jésus nous a enseigné.

Dès lors, on peut percevoir que tout progrès humain dans les sciences (lettre minuscule) était l'œuvre du Saint-Esprit et du don de la connaissance (lettre majuscule), qui a éveillé l'esprit et le cœur de nombreux scientifiques et érudits sur notre existence, du modèle de l'atome au mouvement des trous noirs.

Il n'y a pas de connaissance scientifique sans inspiration divine, et plus nous nous rapprochons des vérités éternelles vivantes, à l'imitation de notre Seigneur et Sauveur, plus nous connaissons les vérités de ce monde.

Je souhaite attirer l'attention sur deux extraits spécifiques de ce passage. Dans les versets 9 à 11 (en gras) il est clair que Jésus est monté au ciel corps et esprit, et y reste encore aujourd'hui, selon les deux anges (les hommes vêtus de blanc est un euphémisme pour faciliter la compréhension).

Tenez compte de la profondeur de ce texte : le corps de Jésus est dans la demeure éternelle avec le Père, intact et bien vivant. Si tel n'était pas le cas, il ne servirait à rien d'élever le saint corps de Notre Seigneur dans l'espace, sinon il se transformerait en poussière cosmique.

Les propres paroles de Jésus confirment cette réalité : « *Il y a plusieurs demeures dans la maison de mon Père ; si ce n'était pas le cas, je vous l'aurais dit. Je vais vous préparer une place.* » Jean 14, 2. Autrement dit, il y a là-haut un lieu qui nous attend, construit selon notre foi (verset 1) et nos œuvres (verset 12).

Nous contemplons cette vérité éternelle dans le Credo (« *Il monta au ciel et est assis à la droite du Père* ») et dans le deuxième mystère glorieux du Saint Rosaire (L'Ascension de Jésus-Christ). Depuis plus de deux mille ans, les athées et les pharisiens du monde entier recherchent le corps de Jésus-Christ pour tenter de prouver que la foi chrétienne est une imposture, que le Christ n'est pas Dieu.

Si tel est votre cas, vous pouvez arrêter de lire ce livre et aller le chercher. Tous ceux qui ont vraiment essayé sont revenus avec une foi encore plus forte. De plus, la rémission de nos péchés s'est produite avec le sacrifice de l'Agneau pascal, et la résurrection n'était que la preuve que tout s'accomplissait conformément aux Saintes Écritures, à travers les prophètes Isaïe et Jérémie, par exemple. Plus de 300 prophéties réalisées par la même personne, soit une probabilité de 1 sur 10^{170} (10 suivi de 170 zéros).

De même, le corps immaculé de Notre-Dame occupe également une place particulière dans la demeure éternelle. Celle qui est née sans péché, a vécu sans péché et est morte sans péché, n'aurait aucune place compatible dans ce monde corrompu. Nous contemplons cette vérité éternelle dans le quatrième mystère glorieux du Saint Rosaire, car il s'agit d'un dogme de l'Église et dont il n'est plus question.

Saint Thomas, celui-là même qui doutait de la Résurrection du Christ jusqu'à mettre son doigt dans ses Plaies, fut aussi le seul apôtre qui ne vit pas et ne crut pas à l'Assomption de Notre-Dame au ciel, mais qui ouvrit plus tard le tombeau de Notre-Dame. et ne trouva que des lys et des roses, et Notre Sainte Mère apparut du ciel à Thomas et lui présenta sa ceinture maternelle. (https://padrepauloricardo.org/blog/a-reliquia-do-cinto-de-nossa-senhora).

On peut trouver des reliques qui prouvent l'existence de ces miracles, mais pour ceux qui ne veulent pas y croire, toutes les preuves du monde ne suffisent pas.

Cependant, pour ceux qui veulent croire, mais ne se laissent pas tromper par aucun vent de fausse doctrine, on peut conclure que Notre-Seigneur et Notre-Dame sont au même endroit et nous attendent. Notre-Dame vient même nous appeler à cette grande fête du bonheur éternel avec Dieu, comme à La Salette, Lourdes, Fátima, Akita, Quibeho... (rassurez-vous, elle n'est pas venue ici pour faire du tourisme). Voyons maintenant ceux qui y sont définitivement parvenus.

3. LES MIRACLES DES CORPS INCORRUPTIBLES

La réalité des corps incorrompus de Notre Seigneur Jésus-Christ et de Notre Sainte Mère est, d'une part, un dogme de l'Église catholique et un sujet qui n'a pas de place pour la discussion ou l'opinion contraire. Celui qui n'avait pas de péché, puisqu'il était né sans la tache du péché originel, ne souffrirait pas de la corruption de la chair, qui affectait tout le corps humain en raison de l'héritage spirituel reçu d'Adam et Ève.

Ainsi, outre que Notre-Seigneur et Notre-Dame soient montés au ciel, comme expliqué dans le chapitre précédent, ils sont toujours là, en un seul morceau, car ils ne peuvent avoir subi aucune influence du péché de nos premiers parents. Autrement, cela n'aurait aucun sens d'envoyer un corps sacré au plus haut des cieux si, une fois arrivé à destination, il commençait à pourrir.

Cependant, comment prouver aux plus sceptiques que les corps de Jésus et de Marie n'ont pas subi de décomposition ou de détérioration due à des agents chimiques et biologiques ? Dans ce cas, nous pouvons apporter la preuve indirecte, auprès de personnes qui ont vécu dans ce monde avec une telle odeur de sainteté, que leur corps (ou une partie spécifique de celui-ci) reste intact même après de nombreuses années de mort, et même après avoir été exposé à diverses conditions dangereuses.

Quelques détails importants sur la sainteté : d'abord, beaucoup de personnes sont mortes en odeur de sainteté, parce qu'elles avaient vécu une certaine vertu de manière héroïque, mais elles n'avaient pas nécessairement une réputation de sainteté au cours de leur vie ou immédiatement après leur mort. Le véritable progrès spirituel est interne et l'externe est une conséquence, selon saint Maximilien Maria Kolbe, martyr moderne.

Deuxièmement, lorsque l'Église catholique reconnaît qu'une personne est sainte, c'est parce que la vie et les miracles accomplis à travers elle ont été dûment vérifiés, étudiés par des scientifiques, le processus de béatification et de canonisation ultérieure passe par la Congrégation pour les Causes des Saints, pour authentifier la sainteté de cet individu.

Par conséquent, il peut effectivement y avoir de nombreux saints au ciel que l'Église ne reconnaît pas officiellement, parce que ceux qui ont bien vécu la sainteté ont passé leur vie à aimer Dieu par-dessus tout, sans avoir besoin de publier leur charité ou une quelconque bonne action sur les réseaux sociaux. Il a vécu exactement ce que Jésus a demandé : faites de bonnes œuvres en secret, et le Père céleste vous donnera la récompense qui lui est due. Que ta main droite ne sache pas ce que fait ma main gauche (Matthieu 6 : 3).

Or, ceux qui sont passés au crible et ont été reconnus élevés à la gloire des autels sont en fait des saints, au sens strict du terme. Vous pouvez avoir confiance, car l'autorité de l'Église en faisant une telle déclaration se fonde sur l'Esprit Saint de Dieu lui-même, qui n'abandonnera jamais Pierre et ses successeurs (Matthieu 16, 18).

Il ne fait aucun doute que nous avons connu de nombreux types de saints tout au long de l'histoire de l'humanité. Même s'ils souffraient du péché originel et de la concupiscence, ils savaient se rendre parfaitement adaptés à la volonté de Dieu, aimant Dieu par-dessus tout et aimant les autres comme le Christ nous a aimés.

Il s'avère que certains saints ont reçu un don extraordinaire de Dieu, qui reflète précisément ce dont nous parlons, à savoir empêcher la nature d'agir pour empêcher cet conjoint de cellules de s'effondrer et le corps de devenir un tas de poussière. Échappant (même en partie) à toute la tendance de l'Univers à l'entropie (désagrégation de la matière), c'est le miracle des corps incorruptibles.

Il existe de nombreuses idées fausses sur ce type de miracle, il convient donc de faire d'emblée une déclaration importante : pour configurer le miracle du corps incorrompu, il n'est pas nécessaire que le cadavre soit complètement préservé, mais qu'il montre des signes de conservation très inhabituelle, même après que le tombeau du saint ait été ouvert et n'ait subi aucun processus de conservation artificielle, tel que l'embaumement.

Ainsi, un corps maintenu sous vide pendant des centaines d'années serait naturellement préservé, mais au moment de son ouverture et de son exposition il se décomposerait rapidement. Ce n'est pas un miracle, puisqu'il n'y a rien de surnaturel là-dedans. Les environnements très secs et froids sont également propices à la préservation naturelle des corps.

Quelques exemples de saints dont les corps étaient considérés comme incorrompus :

- Bernardette Soubirous, voyante française de la célèbre apparition de Notre-Dame de l'Immaculée Conception, à Lourdes ;

- Catarina Labouré, une autre voyante française, issue de la célèbre apparition de Notre-Dame des Grâces de la Médaille Miraculeuse, rue du Bac, à Paris ;

- Padre Pio de Pietrelcina, le frère capucin aux innombrables prodiges tels que la bilocation, le dialogue avec les anges gardiens, la xénolalie (il parlait un dialecte italien et les gens comprenaient l'anglais, le français, etc.), reçut les stigmates du Christ et accomplit des guérisons inexplicables pour la médecine jusqu'à ce jour ;

- Sainte Zita de Lucques, patronne des travailleuses domestiques, dont le corps a été retrouvé intact trois cents ans après sa mort, et qui, même après avoir été exposé, a encore ses organes internes, dont ses poumons, gravement touchés par la suie de son lieu de travail ;

- Saint Jean-Marie Vianney, curé d'Ars, héros des confessionnaux, qui acquit sa renommée en passant jusqu'à 18 heures à soigner les pénitents ;

- Saint Charbel Makhlouf, moine du Liban qui a continué à verser le sang de son corps même cinquante ans après sa mort.

Il y a aussi l'hypothèse des corps incorrompus de saint Joseph, père nourricier de Jésus, et de saint Jean-Baptiste, purifiés dans le sein de sainte Elisabeth lors de la visite de Notre-Dame peu après l'annonciation de l'ange Gabriel. Cependant, il n'existe aucun document officiel concernant ces cas.

On peut seulement supposer que, s'il est possible de retrouver les restes de presque tous les apôtres (morts en même temps que ces deux saints), il serait également possible de retrouver les restes de Jean-Baptiste et de Joseph, s'ils était devenu corrompu. Mais soyons clairs, ce n'est qu'une hypothèse !

D'autres saints n'avaient qu'une partie de leur corps considérée comme incorrompue, comme :

- le cœur de Saint Vincent de Paul, l'homme qui vécut héroïquement la charité et l'amour pour les pauvres (il est là aussi rue du Bac) ;

- la main gauche de Sainte Tereza de Ávila, docteur de l'Église, qui a écrit, entre autres, Le Livre de la Vie et Le Château Intérieur;

- la langue de saint Antoine de Padoue, dont la prédication faisait que même les poissons et les oiseaux s'arrêtaient pour prêter attention à l'annonce de l'Évangile.

Si ces saints avaient leurs corps gardés intacts, c'est un signe qu'ils ont vécu une vie sainte, et au moment de la résurrection d'entre les morts (à la seconde venue de Jésus), ils seront déjà en train d'habiter leur corps. Notez bien : CE N'EST PAS UNE RÉINCARNATION, lorsqu'un corps a été attribué à une âme il ne fait que l'habiter.

Si même avec la corruption du péché originel ces corps (ou une partie d'entre eux) ont réussi à rester bien conservés, imaginez les corps glorieux de Jésus-Christ, Verbe de Dieu fait chair et de Marie Immaculée, dont les grâces sont plus grandes que celles de tous les anges et les saints. Ensemble.

Est-ce suffisant pour vous de croire à la résurrection des morts ? Nous reviendrons sur ce sujet dans un instant.

4. LE PRODIGE D'EXALTATION DE L'ESPRIT

Qu'est-ce que la gravité ? Si connue dans notre quotidien qu'on ne s'en souvient même pas, la force de gravité consiste en une force d'attraction sur les corps, formant un champ gravitationnel.

La gravité est l'une des quatre forces fondamentales existant dans la nature. Les autres sont la force d'interaction électromagnétique, la force nucléaire faible et la force nucléaire forte. Cette force est chargée de définir le poids d'un corps, un vecteur vertical et descendant qui empêche les personnes et les objets de s'envoler de la planète en raison de la rotation de la Terre.

Nous ne pouvons vérifier et comparer la gravité qu'entre les planètes et les corps célestes, comme la Lune, le Soleil, les planètes, leurs satellites et les étoiles, car même la personne la plus obèse de la planète ne sera pas en mesure d'attirer ne serait-ce qu'un insecte sur son orbite personnelle. La gravité est réservée aux plus grands.

La Terre a une masse de seulement $5,9 \times 10^{24}$ kg, ce qui est largement suffisant pour que vos pieds collent au sol. Le Soleil, par exemple, pèse environ $1,98 \times 10^{33}$ kg (trente-trois zéros), et n'est même pas le plus grand de notre univers connu, mais il parvient à garder plusieurs petites planètes autour de lui.

Il s'avère que la gravité est la seule force que la science et la technologie ne maîtrisent toujours pas, elles savent seulement observer et calculer, en fonction de la masse et de la distance entre les corps. Comparez : le magnétisme et ses implications (électromagnétisme) sont utilisés librement dans chaque lampe et appareil électroménager ; la puissante force nucléaire est manipulée par la fission et la fusion atomiques, avec des applications médicales et militaires, et bien d'autres encore ; la force nucléaire faible est plus pacifique et plus facile à utiliser, car pour la désintégration des particules, nous utilisons les rayonnements à diverses fins.

Bien sûr, vous pourriez penser : les ballons, les fusées spatiales et les satellites artificiels dominent la gravité. Négatif! Aucun d'entre eux ne peut générer une force anti-gravité, seulement une force cinétique contraire qui annule les effets de la gravité. Les satellites géostationnaires, par exemple, se déplacent toujours parallèlement au globe terrestre, pour générer une force centrifuge (cinétique) qui s'éloigne de la Terre, de manière à contrecarrer la gravité, qui insiste pour continuer à fonctionner.

Toutes ces explications scientifiques étaient nécessaires pour comprendre le miracle connu sous le nom d'EXALTATION DE L'ESPRIT. Dans cet événement extraordinaire, la connexion du saint avec Dieu est si intense qu'il plane dans les airs, comme s'il s'agissait d'un ballon ou d'un hélicoptère, mais sans aucune explication scientifique du phénomène.

Remarquez bien : le saint qui expérimente ce miracle ne devient pas plus léger que l'air, comme un ballon à l'hélium. Il ne subit même pas les effets de la force aérodynamique, qui fait voler des objets plus lourds que l'air à travers la différence de pression dans leurs ailes ou leurs hélices. Il n'y a pas de force motrice derrière une libération massive de gaz, comme dans un pétard ou une fusée, qui propulse le saint dans une certaine direction. Il peut remplir tout l'estomac d'un être humain de méthane (en mangeant suffisamment de patates douces, de choux, de haricots, etc.) pour qu'il ne puisse pas s'élever dans les airs, et même la combustion de ces gaz ne ferait pas la personne monter un millimètre du sol.

On sait qu'un grand nombre de saints ont lévité, parmi lesquels sainte Thérèse d'Ávila, Padre Pio, saint Martin de Porres, saint François d'Assise, saint Antoine de Padoue, saint Philippe Néri, saint Alphonse de Ligório et le plus célèbre à cet égard, Saint Joseph de Cupertino, saint patron des aviateurs et astronautes. Ce dernier avait une telle exaltation d'esprit que ses compagnons devaient lui attacher une corde autour de la taille lors des processions avec le Saint-Sacrement, pour éviter qu'il ne se perde dans les airs.

G. K. Chesterton a dit que « les anges peuvent voler parce qu'ils ne se prennent pas trop au sérieux (littéralement, ils prennent la vie légèrement) ». On peut en dire autant de saint Joseph de Cupertino. Il ne se prenait pas trop au sérieux ; il était humble, c'est pour cela qu'il ne pesait pas si lourd ; il défiait la gravité parce qu'il était léger ; il lévitait grâce à sa légèreté d'esprit.

Bien sûr, ce phénomène n'est pas isolé : tous ces saints ont eu une vie spirituelle et ascétique extraordinaire, des expériences mystiques, des révélations divines, mais le plus important était une profonde intimité avec Dieu et un détachement complet, sans restriction et irrévocable des choses de ce monde.

Sans aucun doute, l'homme moderne préfère faire confiance à un drone capable de supporter son poids et de le transporter partout où il le souhaite, bien plus que ce type de miracle. Cette personne ne croit malheureusement aux miracles, et si vous correspondez à ce profil, la lecture de ce livre ne vous intéresse pas. J'espère que vous ferez un jour une rencontre personnelle avec Dieu, et que cette rencontre se produira dans des circonstances favorables (ce qui n'est pas toujours le cas).

Les miracles existent, nous n'avons pas besoin de foi pour qu'ils se produisent, mais de les voir et de comprendre que la main de Dieu agit clairement à ce moment-là (Il agit toujours dans nos vies, mais la plupart du temps Notre Seigneur est discret et fait le miracle sans qu'on s'en aperçoive).

De la même manière que certains saints ont vécu ce phénomène surnaturel, les personnes possédées par de mauvais esprits subissent également divers événements inexplicables, comme escalader des murs, avoir une force au-delà de ce dont les humains sont capables et même parler des langues étrangères sans jamais avoir étudié. Le monde spirituel est tout autour de vous, il vous suffit de vous connecter à votre âme et à votre esprit.

Beaucoup de gens ont du mal à croire à ce genre de phénomènes décrits dans la vie de certains saints, mais ils ne voient aucun obstacle à croire que les civilisations avancées sont capables d'enlever des gens dans des vaisseaux spatiaux, de leur parler et même de leur donner des conseils sur la santé, eh bien... être et même des investissements financiers. Ce sont ceux qui se disent « spirituels mais pas religieux ».

Pour ceux-là, j'ai un conseil évangélique très simple : « Vous connaîtrez la vérité, et la vérité vous affranchira » (Jean 8 : 32). Seule la vérité éternelle nous libère des fausses doctrines et des pseudo-religions. L'homme moderne veut changer le monde pour ne pas avoir à se changer lui-même. Le saint, au contraire, ne se soucie pas beaucoup du monde, ce qu'il veut, c'est accumuler les trésors du ciel (Matthieu 6, 19), c'est-à-dire des biens spirituels qui dépassent de loin la simple connaissance scientifique ou le progrès matériel.

Parce que cela a dû être ce que ces saints ont fait : ils ont imité le Christ de telle manière, avec une telle perfection et humilité, avec une telle joie et une telle légèreté d'esprit même dans les circonstances les plus défavorables, qu'ils sont entrés en harmonie avec Lui et se sont détachés de ce monde, de telle manière qu'ils ont donné leur âme à l'Éternel et se sont laissés attirer par Lui.

Cette force, qui nous attire vers Dieu, est jusqu'à présent la seule qui ait réussi à annuler la force de gravité, ce dont aucun appareil ni aucune technique n'a été capable jusqu'à présent, et ne le sera probablement jamais. C'est la force qui nous emmène au ciel, vers la maison éternelle que Jésus-Christ a pour nous.

C'est la route, le chemin pour aller au paradis. Alors, tu veux y aller ou pas ?

5. LE CIEL EST-IL UN LIEU OU UNE CONDITION DE L'ÂME ?

Ce thème nécessite une analyse profonde et fondamentale pour grandir dans la foi, suivie dans la théologie catholique, abordant non seulement la nature du ciel comme destination finale des fidèles, mais aussi l'expérience spirituelle et la transformation de l'âme. Ce chapitre explore les perspectives catholiques sur cette question, en s'appuyant sur la doctrine de l'Église, les Écritures et la tradition.

Pour l'Église catholique, le ciel est décrit comme l'état définitif de bonheur parfait, de pleine communion avec Dieu et d'épanouissement complet de l'être humain. C'est un état d'existence éternelle où les justes jouissent de la présence de Dieu dans sa plénitude. Ce concept transcende la simple idée d'un lieu physique et entre dans le cadre d'une réalité spirituelle et transcendante.

La vision catholique traditionnelle ne considère pas simplement le ciel comme un emplacement physique dans l'espace, mais met l'accent sur sa nature spirituelle et surnaturelle. Selon le Catéchisme de l'Église catholique (numéro 1024), « le ciel est la bienheureuse communion de vie et d'amour avec la Sainte Trinité, avec la Vierge Marie, les anges et tous les bienheureux ». Cela suggère que le ciel est plus qu'un simple espace géographique, mais une réalité spirituelle où la présence de Dieu est pleinement manifestée et expérimentée.

Le fondement de la compréhension catholique du ciel se trouve dans les Saintes Écritures, en particulier dans les enseignements de Jésus-Christ. Dans Jean 14, 2-3, Jésus promet à ses disciples qu'il leur préparera des places dans la maison du Père, indiquant l'idée d'une place préparée pour ceux qui le suivent fidèlement. De plus, des passages tels que Apocalypse 21 décrivent de manière vivante une nouvelle Jérusalem céleste, parée comme une épouse préparée pour son mari, qui symbolise l'union parfaite entre Dieu et son peuple.

Bien que le ciel soit conçu comme un état de communion avec Dieu, la tradition catholique souligne également que cette communion implique une profonde transformation de l'âme. Il ne s'agit pas seulement d'être au même endroit, mais d'une plénitude de vie en Dieu qui transcende complètement les limitations terrestres. Cette transformation implique la purification de l'âme au purgatoire, pour ceux qui en ont besoin, et l'entrée dans la présence divine de manière complète et immortelle.

Par conséquent, pour la foi catholique, le ciel n'est pas seulement un lieu physique, mais un état de pleine communion avec Dieu, vécu par les âmes des justes après la mort. C'est une réalité spirituelle où le bonheur éternel et la présence divine sont vécus de manière complète et transformatrice. Cette compréhension non seulement console les fidèles face à la mortalité, mais inspire également une vie de foi, d'espérance et de charité, dans la recherche de la sainteté qui culmine dans la plénitude de la vie éternelle au ciel.

D'après ce qui a déjà été expliqué dans les chapitres précédents, il est clair que le lieu appelé Ciel, Maison Éternelle, Gloire Céleste, Vie Éternelle, est un lieu qui occupe une région spécifique de l'existence. C'est aussi un état de communion avec Dieu, mais au-delà, c'est un espace physique auquel accèdent de nombreuses personnes, les saints de Dieu.

Tout d'abord, il faut rappeler que le ciel concerne les corps, qui sont indéniablement matériels. Or, s'il est matériel il est lié à l'espace. Il n'est donc pas possible d'écarter complètement l'affirmation selon laquelle le paradis n'est pas un lieu. L'homme est une créature de Dieu, composée d'un corps et d'une âme. Ainsi, puisque le ciel est la communion de Dieu avec l'homme, il n'est pas possible d'exclure son corps.

La communion entre Dieu et l'homme existe désormais, dans la personne de Jésus-Christ, dont le corps a été ressuscité et transformé, comme le montre l'Évangile de saint Luc :

« Pendant qu'ils parlaient encore de ces choses, Jésus se tenait au milieu d'eux et leur dit : La paix soit avec vous ! Troublés et étonnés, ils crurent

voir un esprit. Mais Il leur dit : Pourquoi êtes-vous troublés, et pourquoi avez-vous ces doutes dans votre cœur ? Voyez mes mains et mes pieds, c'est moi-même ; sentez et voyez : un esprit n'a ni chair ni os, comme vous le voyez, j'en ai. Et après avoir dit cela, il leur montra ses mains et ses pieds. Mais alors qu'ils hésitaient encore et étaient remplis de joie, il demanda : Avez-vous quelque chose à manger ici ? Puis ils lui offrirent un morceau de poisson rôti. Il prit et mangea sous leurs yeux. » (Luc 24 : 36-43)

Au ciel, outre le corps de Notre Seigneur Jésus-Christ, il y a aussi le corps de sa Sainte Mère. Oui, elle a été élevée à la gloire céleste corps et âme, comme le montre la Constitution apostolique du pape Pie XII, Munificentissimus Deus, qui définit précisément le dogme de l'assomption du corps et de l'âme au ciel, qui dit :

" 44. " C'est pourquoi, après avoir fait des supplications répétées à Dieu et avoir invoqué la paix de l'Esprit de vérité, à la gloire du Dieu tout-puissant qui a accordé sa bienveillance particulière à la vierge Marie, en l'honneur de son Fils, l'immortel Roi des siècles et triomphant du péché et de la mort, pour accroître la gloire de son auguste mère, et pour la joie et la joie de toute l'Église, avec l'autorité de notre Seigneur Jésus-Christ, des bienheureux apôtres saint Pierre et saint Paul et avec Le nôtre, nous le prononçons, le déclarons et le définissons comme étant un dogme divinement révélé selon lequel : la Mère Immaculée de Dieu, la toujours vierge Marie, ayant accompli le cours de sa vie terrestre, a été assumée corps et âme dans la gloire céleste. »

À la fin des temps, toute la création – transformée – sera unie à Dieu. C'est ce qui est dit dans le Catéchisme de l'Église catholique, au numéro 1060 :

"À la fin des temps, le Royaume de Dieu atteindra sa plénitude. Alors, les justes régneront avec Christ pour toujours, glorifiés dans leur corps et leur âme, et l'univers matériel lui-même sera transformé. Alors Dieu sera "tout en tous", dans la Vie Eternelle."

Le Catéchisme présente également, des numéros 1042 à 1050, le concept de **palingénésie**, c'est-à-dire la nouvelle génération de l'univers, que saint Pierre décrit comme « *les nouveaux cieux et la nouvelle terre* » (2 Pierre 3, 13). Il existe une relation entre le bonheur éternel de l'homme et l'univers. Dieu a créé l'homme à partir d'argile, a insufflé son Esprit sur lui, lui a ordonné de se multiplier et de dominer la terre :

" *Alors Dieu dit : " Faisons l'homme à notre image et ressemblance. Qu'il règne sur les poissons de la mer, sur les oiseaux du ciel, sur le bétail, sur toute la terre et sur tout reptile qui rampe sur ses terres. la terre." Dieu a créé l'homme à sa propre image ; il l'a créé à l'image de Dieu, il a créé l'homme et la femme. Dieu les bénit : « Soyez féconds, dit-il, et multipliez-vous, remplissez la terre et soumettez-la. Dominez les poissons de la mer, les oiseaux du ciel et tout être vivant qui se meut sur la terre. Dieu dit : « Voici, je vous donne toute herbe qui produit de la semence sur la terre, et tout arbre fruitier qui contient en lui sa semence, afin qu'ils vous servent de nourriture.* » (Genèse 1:26-29)

Ainsi, le monde appartient à l'homme, qui doit le dominer, selon la volonté de Dieu. Cela ne veut pas du tout dire que l'homme peut détruire la nature, car Dieu est le Créateur de tout et, par respect pour Lui, il n'est pas possible de ternir ce qu'il a fait. Cependant, la relation entre Dieu et l'homme a été perturbée par le péché. Le même livre sacré explique métaphoriquement la rupture survenue :

" *Et il dit à l'homme : " Parce que tu as écouté la voix de ta femme et que tu as mangé des fruits de l'arbre que je t'avais interdit de manger, maudit soit la terre à cause de toi. Vous lui retirerez votre subsistance par un travail pénible tous les jours de votre vie. Elle produira pour vous des épines et des chardons, et vous mangerez l'herbe du pays. Tu mangeras ton pain à la sueur de ton visage jusqu'à ce que tu retournes au pays d'où tu as été pris ; car tu es poussière, et tu retourneras à la poussière.* » (Genèse 3 : 17-19)

L'harmonie entre les humains et le cosmos a été perturbée par le péché. Or, Jésus est le Rédempteur et il est venu racheter cette chute. C'est pourquoi saint Paul dit aux Romains :

"*Je considère que les souffrances de cette vie présente ne sont pas proportionnées à la gloire future qui doit nous être manifestée. C'est pourquoi la création attend avec impatience la manifestation des enfants de Dieu. Car la création a été soumise à la vanité (non pas volontairement, mais par la volonté de Celui qui l'a soumise), mais avec l'espoir d'être libéré de la captivité de la corruption, pour participer à la glorieuse liberté des enfants de Dieu, car nous savons que la création entière gémit et souffre comme dans les douleurs de l'enfantement jusqu'à ce que aujourd'hui. Non seulement cela, mais aussi nous, qui avons les prémices de l'Esprit, gémissons en nous-mêmes, attendant l'adoption, la rédemption de notre corps.* » (Romains 8, 18-23)

Il y aura donc « *de nouveaux cieux et une nouvelle terre* » (cf. 2 Pierre 3, 13) et on ne peut donc pas dire que le ciel – la pleine et parfaite communion avec Dieu – sera quelque chose de complètement extérieur aux notions d'espace. et lieu. Cependant, parce qu'il s'agit d'une régénération, d'une transfiguration de l'univers, cela signifie que la notion de lieu et d'espace, bien qu'elle ait à voir avec ce nouveau monde, n'exprime pas pleinement ce qu'il sera. C'est un mystère.

Après la résurrection, Jésus est entré et sorti des lieux, a franchi les portes, a mangé et bu, comme nous le lisons dans le récit susmentionné de l'Évangile de Luc, il était donc une présence, un corps transformé, différent de la réalité humaine. Le cardinal Ratzinger, dans son Manuel d'eschatologie – Mort et vie éternelle, dit : « *Le ciel ne peut pas recevoir de définition topographique ni être placé à l'intérieur ou à l'extérieur de notre structure spatiale. Cependant, il ne peut même pas être séparé en essayant d'en faire simplement un un état, une situation, ne peut être totalement séparé de l'ensemble du cosmos. En réalité, nous parlons ici d'un pouvoir universel qui appartient au nouvel « espace du corps du Christ », l'espace de la communion des saints.* »

Il y aura un nouvel espace, un nouveau concept de lieu, dont il n'y a pas d'expérience, donc dire simplement qu'un tel lieu n'existe pas est inexact, de la même manière que dire qu'il existe un lieu qui a déjà été vécu est également inexact. Face au mystère, la réflexion théologique peut aider, mais pour comprendre réellement ce qu'est le ciel, il faut recourir à la communion avec Dieu, avec le Corps du Christ. Il n'est pas possible de préciser comment cela se produira, mais cela peut déjà être mystérieusement vécu ici sur Terre à travers le sacrement de l'Eucharistie.

La communion eucharistique permet de faire l'expérience d'une nouvelle conception de l'espace, car dans chaque hostie le Christ est présent dans son ensemble, dans chaque fragment il est totalement présent, car ce n'est pas une présence spatiale, mais une présence substantielle. Et donc, cela touche chacun spirituellement, mais aussi physiquement.

Dans l'Eucharistie commence l'expérience du nouveau lieu qu'est le ciel et la nouvelle terre, un nouvel espace, un nouveau cosmos. Dans le Pain et le Vin eucharistiques, le cosmos a été transformé là où le Christ est désormais le tout en tous.

6. QUE POUVONS NOUS AFFIRMER SUR LA RÉSURRECTION DES MORTS?

La résurrection des morts est l'un des piliers centraux de la foi catholique, reflétant une profonde espérance dans la vie après la mort et la promesse de Dieu de restaurer et de renouveler toutes choses à la fin des temps. Dans ce chapitre, nous explorerons le sens, le fondement biblique et la croyance de l'Église catholique en la résurrection des morts.

Pour les catholiques, la résurrection des morts n'est pas seulement un concept théologique abstrait, mais une réalité fondamentale qui soutient leur espérance et leur foi. Il fait référence à la croyance selon laquelle à la fin des temps, tous ceux qui sont morts ressusciteront avec des corps transformés et glorifiés. Cela signifie qu'il ne s'agit pas simplement de retourner à la vie terrestre telle qu'elle était avant la mort, mais d'être renouvelé sous une forme glorieuse et éternelle, comme décrit dans 1 Corinthiens 15, 42-44.

Le fondement de la croyance catholique en la résurrection des morts est fermement ancré dans les Saintes Écritures. Jésus-Christ, le Fils de Dieu, est ressuscité des morts comme le premier des ressuscités, inaugurant ainsi une vie nouvelle pour tous ceux qui croient en Lui. Sa propre résurrection est attestée dans les évangiles et constitue la pierre angulaire de la foi chrétienne. Saint Paul, dans ses lettres, explique également en détail la nature de la résurrection et sa signification pour les fidèles.

Par ailleurs, plusieurs passages de l'Ancien Testament préfigurent également la résurrection des morts, comme les visions des prophètes Ézéchiel (Ez 37) et Daniel (Dn 12), qui parlent de la restauration d'Israël et de la vie éternelle.

L'Église catholique enseigne que tous les êtres humains ressusciteront le dernier jour, lorsque le Christ reviendra dans la gloire. Cette doctrine est incluse dans le Symbole de Nicée-Constantinople, que de nombreux catholiques professent régulièrement pendant la liturgie. Le Catéchisme de l'Église catholique enseigne également que la résurrection des morts est un événement réel et est étroitement liée à la justice divine et à la plénitude du Royaume de Dieu.

Croire en la résurrection des morts a des implications significatives pour la vie des catholiques, ici et maintenant. Premièrement, elle offre réconfort et espoir face à la mort, car la vie éternelle avec Dieu est promise à ceux qui vivent en communion avec Lui. En outre, il guide l'éthique et la moralité chrétiennes, encourageant les fidèles à vivre une vie juste et pieuse, sachant que leurs actions auront des conséquences éternelles.

Bref, la résurrection des morts est un dogme central de la foi catholique, fondé sur la promesse de Dieu révélée dans l'Écriture et enseignée par l'Église au fil des siècles. Il offre espoir, réconfort et un sens profond à la vie des chrétiens, leur rappelant que la mort n'est pas la fin, mais plutôt le début d'une vie pleine et éternelle avec Dieu.

L'Église catholique a des formules dogmatiques contenant les principaux éléments de sa foi et sont utilisées à la fois dans la liturgie et dans la catéchèse, ce qu'on appelle les « symboles ». On retrouve donc l'expression suivante dans le Symbole Apostolique : "Je crois [...] à la résurrection de la chair..." et dans le Symbole de Nicée-Constantinople : "[...] Et j'espère la résurrection des morts... », les deux expressions sont donc appropriées.

La Congrégation pour la Doctrine de la Foi a noté que dans certains missels de différentes parties du monde, le mot « chair » était remplacé par « corps ». Pour remédier à cela, en décembre 1983, sous la présidence de celui qui était alors le cardinal Ratzinger, il publia le document « Décisions sur la traduction de l'article « Carnis Resurrectionem » du Symbole apostolique », dans lequel il demandait à toutes les conférences épiscopales d'adopter la version littérale traduction de ce qu'il s'agit de « résurrection de la chair » et non d'autres, même similaires.

Le sujet est assez complexe, car il existe un courant théologique qui insiste sur l'erreur de soutenir qu'il y a une résurrection immédiatement après la mort. Qui n'a jamais entendu, lors d'une veillée funèbre ou dans les homélies, que la personne voilée était déjà ressuscitée. C'est banal, mais insuffisant, car l'Église enseigne que la résurrection n'aura lieu qu'à la fin des temps.

L'Église, en affirmant la résurrection de la chair, est plus claire et plus précise sur le fait que la chair à l'intérieur du cercueil ressuscitera au dernier jour. Le 17 mars 1979, la Congrégation pour la Doctrine de la Foi publie une lettre traitant des « questions relatives à l'eschatologie », citées ci-dessous :

"Cette Sacrée Congrégation, chargée de promouvoir et de protéger la doctrine de la foi, veut ici rappeler ce qu'enseigne l'Église au nom du Christ, notamment sur ce qui se passe entre la mort du chrétien et la résurrection universelle.

1. L'Église croit à la résurrection des morts.

2. L'Église comprend que la résurrection concerne l'homme tout entier ; pour les élus, ce n'est rien d'autre que l'extension de la résurrection du Christ aux hommes.

3. L'Église affirme la continuation et la subsistance, après la mort, d'un élément spirituel doté de conscience et de volonté, de sorte que dans l'intervalle, le « moi humain » lui-même existe, mais sans le complément du corps. Pour désigner cet élément, l'Église utilise le terme « âme », consacrée par l'usage de l'Écriture Sainte et de la Tradition. Bien qu'il n'ignore pas que ce terme a des significations différentes dans la Bible, il estime cependant qu'aucune raison valable ne peut être donnée pour le rejeter et, en même temps, il estime qu'un terme de langage est absolument nécessaire pour soutenir le foi des chrétiens.

4. L'Église exclut toute forme de pensée ou d'expression qui rend absurdes ou inintelligibles sa manière de prier, ses rites funéraires, son culte des morts - réalités qui, en substance, constituent des lieux théologiques.

5. L'Église, conformément aux Saintes Écritures, attend « la glorieuse manifestation de notre Seigneur Jésus-Christ », qu'elle croit d'ailleurs distincte et ultérieure en comparaison de la condition des hommes immédiatement après la mort.

6. L'Église, dans son enseignement sur la condition de l'homme après la mort, exclut cependant toute explication qui viderait le sens de l'Assomption de la Vierge Marie dans son sens unique ; à savoir, en ce sens, que la glorification corporelle de la Vierge est l'anticipation de la glorification réservée à tous les élus.

7. L'Église, fidèle au Nouveau Testament et à la Tradition, croit au bonheur des justes qui seront un jour en Christ. Elle croit au châtiment éternel qui attend le pécheur, qui sera privé de la vision de Dieu, et à la répercussion de ce châtiment sur tout son être. Enfin, il croit que pour les élus il peut y avoir une éventuelle purification préalable à la vision divine, totalement différente cependant du châtiment des condamnés. C'est ce que comprend l'Église lorsqu'elle parle de l'enfer et du purgatoire.

Lorsqu'il s'agit de la condition de l'homme après la mort, il faut être particulièrement attentif au danger des représentations arbitraires fondées uniquement sur l'imagination, car leurs excès constituent une part importante des difficultés que rencontre souvent la foi chrétienne. Les images utilisées par les Saintes Écritures méritent cependant le respect. Il est nécessaire d'en comprendre le sens profond, en évitant le risque de trop les atténuer, car cela revient souvent à vider de leur contenu les réalités que représentent ces images.

Ni les Saintes Écritures ni les théologiens ne fournissent suffisamment de lumière pour décrire adéquatement la vie après la mort. Les croyants chrétiens doivent maintenir fermement ces deux points essentiels : d'une part, croire à la continuité fondamentale existant, en vertu de l'Esprit Saint, entre la vie présente dans le Christ et la vie future (car la charité est la loi du royaume de Dieu), et par notre charité exercée sur la terre sera mesurée notre participation à la gloire divine au ciel) ; mais, d'un autre côté, le chrétien doit être conscient de la rupture radicale qui existe entre la vie présente et la vie future, puisque l'économie de la foi est remplacée par l'économie de la pleine lumière, et nous serons en Christ et « verrons Dieu ». '; et c'est dans ces promesses et ce mystère que consiste essentiellement notre espérance. Si l'imagination ne peut y arriver, le cœur y arrive instinctivement et en profondeur." (DH 4650-4659) <https://padrepauloricardo.org/episodios/ressurreicao-dos-mortos-ou-ressurreicao-da-carne>.

On peut voir que le document ci-dessus est clair sur la croyance catholique selon laquelle il n'y aura qu'une résurrection à la fin des temps, qu'elle ne sera pas une métaphore, mais qu'elle inclura le corps et l'âme de l'individu. L'esprit humain ne peut même pas imaginer comment cela se produira.

En 1990, la Commission Théologique Internationale, une des branches de la Congrégation pour la Doctrine de la Foi, a publié un avis intitulé "Quelques questions actuelles d'eschatologie", qui affirme que la résurrection n'aura lieu que dans ce qu'on appelle la Parousie, c'est-à-dire lors de la seconde venue de Jésus-Christ, lors d'un événement historique et futur, reprenant les enseignements des théologiens modernistes.

Enfin, l'Église précise que, de toutes les créatures, seule la Sainte Marie a été ressuscitée, dans ce qu'on appelle « l'Assomption ». Tous les autres êtres humains attendent le retour de Jésus-Christ, même si nous savons que notre résurrection à tous, en fin de compte, s'obtient par la résurrection du Christ lui-même, source de la résurrection de tous les morts et de tous les vivants. Chacun sera corps et âme dans la gloire de Dieu, c'est pourquoi nous croyons à la résurrection des morts ou à la résurrection de la chair.

7. LA THÉORIE DU DESIGN INTELLIGENT

L'origine de la vie sur Terre est l'un des mystères scientifiques les plus grands et les plus intrigants. La quête pour comprendre comment la vie est apparue sur notre planète implique plusieurs domaines de connaissances, dont la biologie, la chimie, la physique ou encore la philosophie. Des théories scientifiques aux approches philosophiques et théologiques, plusieurs explications sont proposées pour le phénomène complexe de l'origine de la vie. Dans ce chapitre, nous explorerons les principales théories qui tentent d'expliquer comment la vie est apparue sur Terre.

La théorie de **l'abiogenèse**, également connue sous le nom d'« origine spontanée de la vie », suggère que la vie est née de la matière non vivante par des processus naturels. Cette théorie repose sur l'idée selon laquelle des molécules organiques complexes peuvent se former à partir de composés chimiques plus simples, conduisant éventuellement au développement d'organismes vivants.

En 1953, Stanley Miller et Harold Urey ont réalisé une célèbre expérience simulant les conditions qui régnaient au début de la Terre. Ils ont pu synthétiser des acides aminés, éléments constitutifs des protéines, en faisant passer des décharges électriques à travers un mélange de gaz que l'on pense être présents dans l'atmosphère primitive. Cette expérience a prouvé que des composés organiques essentiels à la vie pouvaient se former de manière abiogénique. <https://www.ufrgs.br/astronomia/wp-content/uploads/2018/04/Explorando_S5_J_Eduardo_Exobiologia.pdf>.

Le modèle mondial de l'ARN propose que l'ARN soit utilisé comme matériel génétique au début de la vie, avant l'évolution de l'ADN et des protéines. L'ARN est capable de stocker des informations génétiques et également d'agir comme un catalyseur, ce qui en fait un bon candidat pour les premiers systèmes vivants.

La théorie de la **panspermie** suggère que la vie sur Terre pourrait provenir de matières biologiques (telles que des spores ou des micro-organismes) provenant de l'extérieur de la planète, apportées par des météorites, des comètes ou de la poussière spatiale. Cette théorie ne traite pas de la manière dont la vie est apparue, mais plutôt de la manière dont elle a pu être transportée sur Terre (DAVIES, Paul. Le Cinquième Miracle, p. 94).

La **panspermie lithographique**, une variante de la panspermie, propose que les roches spatiales, telles que les météorites, auraient pu transporter des micro-organismes ou des précurseurs de la vie sur Terre.

D'un autre côté, la **panspermie cosmique** suggère que les graines de la vie pourraient provenir d'une source plus lointaine, comme une autre étoile ou galaxie, au lieu du simple système solaire.

La **théorie de la Création**, bien que non scientifique, constitue une perspective importante, notamment dans les contextes théologiques et religieux. Il soutient que la vie a été créée par une entité divine ou une force surnaturelle. Différentes traditions religieuses proposent diverses explications sur l'origine de la vie. Je précise que le passage de Genèse 1 ne doit pas être lu littéralement, mais comme un symbolisme caractéristique du moment historique au cours duquel le livre a été écrit (c'est-à-dire sans les connaissances scientifiques actuelles).

Dans le christianisme, l'origine de la vie est attribuée à Dieu, qui a créé toutes choses comme décrit dans le livre de la Genèse. La vie est considérée comme un acte de création divine directe. Il est la Cause Efficace, qui n'a pas d'antécédent, Lui seul peut générer l'Univers avec amour et le maintenir en équilibre.

D'autres traditions religieuses ont également leurs propres explications sur la création de la vie, impliquant généralement l'action de dieux ou d'entités supérieures.

Une autre approche suggère que la vie pourrait être née dans des environnements spécifiques, tels que des sources chaudes sous-marines, où les conditions chimiques sont favorables à la formation de molécules organiques complexes. Les sources hydrothermales situées au fond des océans offrent un environnement riche en minéraux et en énergie, ce qui aurait pu faciliter la synthèse de molécules essentielles à la vie.

L'hypothèse des **sources hydrothermales** propose que la vie aurait pu commencer dans des environnements sous-marins riches en composés chimiques et en énergie thermique. Ces lieux auraient pu fournir les conditions nécessaires à la formation et au maintien des premières formes de vie.

La théorie du **monde des chlorophyllosomes** suggère que le début de la vie pourrait provenir de formations de chlorophyllosomes, des structures submicroscopiques qui pourraient avoir facilité la conversion de l'énergie solaire en énergie chimique avant la formation de cellules complexes.

L'origine de la vie sur Terre est un sujet aux multiples facettes qui continue de susciter d'intenses recherches et débats. Les théories vont de la formation spontanée de composés organiques complexes à la possibilité d'une vie venant de l'extérieur de la planète, sans exclure que, dans tous les cas, la vie soit le résultat d'une action divine. Chaque théorie offre une perspective unique et malgré les avancées scientifiques, le mystère de l'origine de la vie n'est pas encore complètement résolu. L'intégration de ces idées et la poursuite de l'exploration scientifique promettent d'éclairer davantage cet aspect fascinant de notre existence.

La théorie du design intelligent (TDI) a suscité d'intenses débats au cours des dernières décennies, notamment dans le domaine de la science et de la philosophie. Préconisé par beaucoup comme une approche valable pour expliquer la complexité irréductible et les informations spécifiques trouvées dans la nature, le TDI trouve une résonance particulière dans la perspective de la foi catholique.

La foi catholique, fondée sur la révélation divine et la raison, offre un contexte riche pour comprendre et soutenir les principes centraux du TDI. Le cœur de cette théorie réside dans le fait que certains aspects de l'univers et des êtres vivants s'expliquent mieux par une cause intelligente, contrairement à des processus purement naturels ou aléatoires. Ce concept résonne avec la croyance catholique en un Créateur intelligent, qui est à la fois la source et le soutien de toute la création.

La doctrine catholique met l'accent sur l'harmonie entre la foi et la raison, soulignant que la connaissance scientifique et la compréhension de la foi ne doivent pas être considérées comme s'excluant mutuellement, mais plutôt comme complémentaires. Saint Jean-Paul II, dans son encyclique Fides et Ratio, a souligné l'importance d'une raison ouverte à la transcendance, capable d'investiguer à la fois les causes naturelles et les causes finales et, ainsi, de reconnaître les signes d'une conception intelligente dans la création.

TDI propose qu'il est très peu probable que certains phénomènes biologiques et physiques soient survenus par de simples processus aléatoires et qu'ils présentent des caractéristiques qui suggèrent une intervention intelligente. Pour la pensée catholique, cela correspond à l'idée selon laquelle Dieu, en tant que Créateur omnipotent et omniscient, pourrait avoir organisé la nature d'une manière qui reflète sa propre sagesse et son intelligence.

Plusieurs exemples dans la nature ont été cités comme preuve d'une conception intelligente, comme la complexité des structures cellulaires, le code génétique hautement organisé et les systèmes biologiques qui présentent des adaptations précises et interdépendantes. TDI suggère que ces caractéristiques s'expliquent mieux par un esprit créatif qui a planifié et exécuté ces systèmes complexes.

Un bon observateur est capable de retrouver la signature divine dans les fractales, par exemple. Ces formes géométriques apparemment aléatoires et non linéaires se retrouvent souvent dans la nature, comme un flocon de neige. Comment un cristal est-il organisé pour que les fractions (fractales) répètent les traits et l'apparence du tout complet ?

La séquence de Fibonacci est un autre exemple. Commencez par le premier nombre naturel (1) et continuez en ajoutant l'antécédent : (1), 1+1 (2), 2+1 (3), 3+2 (5), 5+3 (8), 8+5 (13), 13+8, (21), 21+13 (34), 34+21 (55), et ainsi de suite. Cette somme apparemment aléatoire se retrouve par exemple sous la forme des coquillages, dans les feuilles des arbres, dans les vagues de la mer. Comment est-il possible que tous les coquillages des océans aient la même proportion ?

Pour moi, la signature de Dieu est visible sur le tableau périodique des éléments. Dieu a créé l'Univers avec une telle précision que toutes ses briques atomiques ont leur juste place. Il n'est pas nécessaire d'être un expert en chimie pour constater qu'il n'y a pas de place vide dans la séquence des numéros atomiques (nombre de protons dans le noyau). Après le Cuivre (29), vient le Zinc (30). Avant le Soufre (16), vient le Phosphore (15).

Lorsque le chimiste Dmitri Mendeleïev commença à organiser le tableau périodique tel que nous le connaissons, en 1869, il remarqua que certains numéros atomiques manquaient pour certains éléments. Cependant, au lieu de tout mettre ensemble et de supposer que certains numéros atomiques avaient « sauté » dans l'ordre (c'est-à-dire que les éléments correspondants, comme l'aluminium (13) et le phosphore (15) n'existaient pas), ce brillant scientifique a cru qu'il y avait de l'ordre. dans l'Univers créé et a laissé les espaces vides dans le Tableau, affirmant qu'il y avait des éléments chimiques qui n'avaient pas encore été découverts.

Mendeleïev croyait qu'il y avait de l'ordre dans le chaos, un acte de foi profond en un Créateur qui ne rendrait pas les choses compliquées. Même si la chimie était la terreur de mes années de lycée, j'ai commencé à aimer ce sujet après l'avoir appris.

D'un point de vue catholique, l'approche TDI est non seulement cohérente avec la vision d'un Dieu qui agit à travers la création, mais respecte également la liberté de la recherche scientifique. L'Église catholique encourage l'étude assidue de la nature comme moyen de mieux comprendre la sagesse divine manifestée dans le monde créé.

Outre ses implications scientifiques, le TDI soulève de profondes questions philosophiques et théologiques. Il remet en question l'adéquation des explications purement matérialistes sur l'origine et le développement de la vie et de l'univers, favorisant une réflexion sur le but et la signification du monde naturel. Pour les catholiques, cette discussion est indissociable de la compréhension de l'existence humaine elle-même et de notre place dans le cosmos, créé par un Dieu qui nous aime et nous connaît profondément.

Par conséquent, à la lumière de la foi catholique, la théorie du design intelligent est non seulement compatible, mais enrichit également la compréhension de la création en tant qu'acte d'amour et de sagesse divine. En considérant le monde naturel à travers le prisme d'une conception intelligente, les catholiques trouvent un dialogue fructueux entre la science et la foi, soutenant la conviction qu'en fin de compte toute création pointe vers son Créateur, qui la soutient dans son être et le guide vers sa fin ultime.

8. EST-IT POSSIBLE D'OBTENIR L'IMMORTALITÉ (VIE ÉTERNELLE) SANS DIEU?

Étant donné que le voyage dans l'espace, même à la vitesse de la lumière, prendrait trop de temps à être réalisé au cours d'une vie humaine, une solution serait que nous vivions éternellement ; de cette façon, on aurait le temps d'arriver à Andromède, par exemple, d'explorer à volonté et de retourner sur Terre (ou d'y rester en profitant d'une plage d'acide sulfurique). Quel est le problème avec ça ? Eh bien, où se situe Dieu dans cette hypothèse ?

La question de la possibilité de parvenir à la vie éternelle sans Dieu est profondément pertinente pour la foi catholique et nécessite une compréhension approfondie des principes de la doctrine et de la révélation chrétiennes. Pour l'Église catholique, la vie éternelle, comprise comme communion éternelle avec Dieu au Ciel, est intrinsèquement liée à la relation personnelle avec Dieu, qui est source et fondement de la vie éternelle. Explorons ce sujet d'un point de vue catholique.

Dans la doctrine catholique, la vie éternelle est le don suprême que Dieu offre à l'humanité. Elle est décrite comme l'union pleine et définitive avec Dieu, qui est la félicité suprême et l'accomplissement final de l'existence humaine. La Bible et les enseignements de l'Église affirment que la vie éternelle est un don gratuit de Dieu, accordé par la grâce, et non quelque chose qui peut être obtenu méritoirement par nos propres efforts.

Selon le Catéchisme de l'Église catholique, Dieu est « le début et la fin » de toute création et rédemption. Jésus-Christ, le Fils de Dieu, est le médiateur par lequel l'humanité peut atteindre la vie éternelle. Par sa vie, sa mort et sa résurrection, le Christ ouvre la voie à la salvation et à la vie éternelle. Dans l'Évangile de Jean, Jésus déclare : « Je suis le chemin, la vérité et la vie ; personne ne vient au Père que par moi » (Jean 14, 6). Cet enseignement met l'accent sur le rôle central du Christ et, par extension, de Dieu dans l'obtention de la vie éternelle.

L'Église catholique enseigne que le Christ est le seul Sauveur et que la salvation se trouve exclusivement en Lui. Le Concile Vatican II, dans sa constitution *Lumen Gentium*, déclare que « hors de l'Église il n'y a pas de salvation », bien que cela soit compris de manière inclusive et mystérieuse. Cela signifie que même pour ceux qui ne connaissent pas explicitement le message chrétien, Dieu peut œuvrer d'une manière qui transcende la compréhension humaine pour offrir la salvation. Cependant, l'Église affirme que le moyen ordinaire et le plus sûr d'accéder à la vie éternelle est l'acceptation explicite du message et de la grâce offertes par le Christ.

Cependant, l'Église reconnaît que les personnes de bonne volonté, qui recherchent la vérité et pratiquent la justice selon leur conscience (indigènes, aborigènes, personnes qui n'ont eu aucune catéchèse), peuvent être touchées par la grâce divine de manière à ce que nous puissions pas tout à fait comprendre. Cependant, l'adhésion à Dieu et la recherche sincère de la vérité sont considérées comme des étapes fondamentales vers la plénitude de la vie éternelle.

Dans la foi catholique, atteindre la vie éternelle sans Dieu n'est pas considéré comme une possibilité viable, car la vie éternelle est comprise comme une communion pleine et éternelle avec Dieu. La relation avec Dieu est l'aspect central de la vie éternelle, et le Christ est considéré comme le seul chemin vers cette communion. Bien que l'Église reconnaisse que Dieu peut agir de manière mystérieuse et inclusive, la doctrine catholique affirme que l'adhésion explicite au Christ et l'acceptation de sa grâce constituent le moyen ordinaire et sûr d'atteindre la vie éternelle.

Ainsi, dans le contexte de la foi catholique, la vie éternelle est inséparable de Dieu et de sa révélation en Jésus-Christ. C'est donc un don de Dieu, et c'est par la communion avec Lui que se réalise la plénitude du bonheur et de l'existence.

À partir de cette explication, il est essentiel de faire une distinction importante : la vie éternelle, l'union à Dieu de manière complète et irrévocable, NE DOIT PAS ÊTRE COMPRISE avec l'immortalité que beaucoup souhaitent atteindre grâce au progrès scientifique et technologique.

Bref, votre corps meurt et vous le téléchargez sur une machine, pour continuer (survivre) à vivre (même si vous pouvez appeler cela la vie, mais passons à autre chose).

Notre âme est composée de quatre parties, les deux parties les plus basses (sur lesquelles nous n'avons aucun contrôle) sont l'imagination (la créativité au sens le plus large) et la mémoire (les faits, les sentiments, même les sons et les odeurs sont enregistrés) et les deux parties les plus élevées, l'intelligence (la logique). , raisonnement mathématique, linguistique, spatial) et la volonté (force intérieure, courage, vouloir accomplir quelque chose, atteindre des objectifs).

J'imagine que dans un avenir proche, il sera possible pour un équipement de sauvegarder tous les souvenirs d'un être humain, quelque chose autour de 100 térabytes, mais cela pourrait être bien plus si toutes les idées folles qui ont traversé la tête de la personne tout au long de sa vie étaient incluses, mais elle n'y prêta pas beaucoup d'attention. Ce serait la partie de la mémoire.

Il convient de rappeler qu'il n'est pas facile de lire et d'interpréter les synapses neuronales d'un individu, c'est pourquoi cette technologie a progressé, mais à pas très courts.

Supposons également que ce mécanisme qui stocke les souvenirs réalise des combinaisons de différents concepts que l'individu a stockés, du mélange de menthe avec du chocolat dans une glace à des fantasmes sexuels plus extrêmes. D'accord, nous avons une créativité basée sur des essais et des erreurs, et probablement plus intéressante que beaucoup d'absurdités disponibles sur les réseaux sociaux aujourd'hui.

En plus de tout cela, supposons que cette machine puisse raisonner et tirer des conclusions sur des concepts concrets comme deux plus deux font quatre, ou même des concepts abstraits comme « c'est bien de respecter les autres », « c'est mal de prendre la vie de quelqu'un » ; tout comme un enfant apprend ces concepts et n'oublie pas, le téléchargement du paquet neuronal d'une personne doit inclure toutes ses compréhensions et positions sur ce qui est bien et ce qui ne l'est pas, car elles sont le résultat de ce que nous avons appris et sont stockées dans notre souvenirs.

Mais qu'en est-il du testament ? Libre volonté? Ceci est intrinsèque à chaque âme et ne peut jamais être enregistré sur un appareil. Dans notre processus de prise de décision, la personne (en théorie) évalue la meilleure ligne de conduite disponible, sur la base des informations dont elle dispose, et prend souvent des décisions complètement absurdes, dont elle sait qu'elles sont mauvaises ou nuisibles. Mais ils continuent, en frappant du bout du couteau, l'entêtement mêlé à l'arrogance.

Beaucoup diront alors : nous n'avons pas besoin du libre arbitre, prenons toujours la meilleure décision possible et ne permettons pas l'auto-sabotage qui nous cause tant de souffrance. Il s'avère que cette idée pose deux problèmes.

Premièrement, sans discernement nous cessons d'être des êtres humains, nous commençons à réagir comme des machines sans le moindre plaisir ou déplaisir à vivre. Quelle petite vie médiocre, même si cela peut être considéré comme une vie.

Deuxièmement, Dieu nous a créés de cette façon, l'âme immortelle insufflée en chacun de nous au moment de la conception est ce qui nous rend humains, libres de décider entre le bien et le mal. C'est ce que Dieu veut de nous, êtres humains capables d'être saints, mais aussi de jeter nos âmes dans la poubelle éternelle, sans droit au recyclage.

Les animaux n'ont pas de libre arbitre, ils réagissent en fonction de leurs instincts et de leurs souvenirs. Bien sûr, beaucoup d'animaux raisonnent et ont beaucoup de discernement (encore plus que beaucoup d'humains), mais ils ne sont pas capables de prendre des décisions comme les êtres humains, créés à l'image et à la ressemblance de Dieu, seuls êtres capables d'aimer. et la souffrance, de se sacrifier pour quelque chose de plus grand qu'eux-mêmes, de renoncer à ce monde dans l'espoir du prochain.

C'est notre âme immortelle qui fait de nous des êtres humains, et non nos expériences terrestres. Cela semble paradoxal, mais ce n'est pas le cas : la souffrance nous rend humains, c'est la capacité de choisir entre la grâce et le péché, entre la vertu et le vice, qui nous permet d'approcher l'éternel, et même la misère du péché enracinée dans l'âme peut être capable d'offrir une rencontre personnelle avec Dieu.

En un mot, la prétendue immortalité que promet d'apporter le progrès scientifique nous dégradera jusqu'à la condition d'automates, un peu mieux que les animaux, mais sans grâce sanctifiante, incapables d'agir selon les mouvements du Saint-Esprit.

Les fervents défenseurs de l'Intelligence Artificielle peuvent me critiquer à volonté, je continue de maintenir la position selon laquelle cette technologie ne concevra que des machines capables d'effectuer des tâches (à cet égard elles sont fantastiques), en adoptant la meilleure ligne d'action en fonction des variables disponibles (mieux que beaucoup d'êtres humains), mais ils n'acquerront pas de conscience (et ne domineront pas le monde).

Mais je n'exclus pas l'hypothèse selon laquelle l'IA rendrait les gens de plus en plus idiots, incapables de raisonnement logique ou de pensée critique, ou même de reconnaître la vérité sous leurs yeux. Programmez une machine (ou éduquez un homme) pour qu'elle réponde que l'herbe n'est pas verte, ou que deux plus deux ne font pas quatre, et elle (ou il) répondra docilement comme programmé, même si cela conduit à son autodestruction (ensemble). avec l'extinction de l'humanité).

Alors que vous lisez ce livre maintenant, au lieu de voir des bêtises sur divers réseaux sociaux qui nous détournent de nos objectifs de vie (personnels, familiaux, professionnels et surtout spirituels), nous volent notre précieux temps de vie et nous aliénent (les extraterrestres ?), sachez que tu es un héros de la résistance contre la domination des machines sur nos pensées. On reste ensemble, frérot.

Après tout, quel plaisir y a-t-il à continuer cette existence aussi longtemps ? « Lequel d'entre vous, même s'il s'en soucie, peut ajouter une coudée au cours de sa vie ? (Matthieu 6, 27). « Même les cheveux de ta tête sont tous comptés » (Luc 12 : 7). Aucune machine ne pourra faire ce que Dieu a fait pour nous en nous offrant le don de la vie. « Voici, je t'ai gravé sur la paume de mes mains » (Isaïe 49, 16).

Apparemment, ce voyage vers d'autres planètes n'est pas facile du tout, aucune des hypothèses n'a été testée en analyse technologique et théologique. Et s'il te plait, ne me parle pas de voyages spirituels sur d'autres planètes... Je ne sais pas ce que tu as fumé pour penser ça, mais ce n'était pas une bonne chose. Nous y reviendrons bientôt.

En conclusion, prenons soin de notre arrière-cour, notre pâle point bleu dans l'Univers, créé par Dieu pour nous, et offrons nos efforts pour obtenir une meilleure place dans l'éternité. C'est ce que nous avons pour aujourd'hui.

9. LES ALIENS (SI ILS EXISTENT) SONT-ILS INCLUS DANS LA RÉDEMPTION PAR CHRIST ?

La question de l'inclusion de formes possibles de vie extraterrestre dans la rédemption offerte par le Christ est un sujet fascinant et complexe, qui mêle théologie, philosophie et science. Dans le contexte de la foi catholique, la réflexion sur les extraterrestres et leur relation à la rédemption nécessite un examen attentif des principes de la théologie chrétienne, en particulier l'universalité de la salvation et le rôle de Jésus-Christ.

Dans la foi catholique, la rédemption est un don offert par Dieu à l'humanité par Jésus-Christ. Le Catéchisme de l'Église catholique enseigne que le Christ, en tant que Fils de Dieu, est venu dans le monde pour sauver l'humanité du péché et de la mort éternelle. La rédemption est comprise comme un acte universel d'amour et de grâce divine, destiné à tous les êtres humains.

L'incarnation du Christ et sa mort rédemptrice sont considérées comme des événements qui ont une importance cosmique, qui ne se limite pas à la seule Terre, mais qui ont une dimension qui transcende le temps et l'espace. L'universalité de la rédemption est donc un principe central de la théologie catholique, indiquant que l'offre de la salvation s'adresse à toute l'humanité.

Reconnaître la possibilité d'une vie extraterrestre n'est pas incompatible avec la foi catholique. L'Église n'a pas de position officielle sur l'existence de la vie sur d'autres planètes, mais le fait que la création soit suffisamment vaste et diversifiée ouvre la possibilité à d'autres formes de vie d'exister. En 2008, le pape Benoît XVI a déclaré que la croyance en l'existence d'une vie extraterrestre n'est pas contraire à la foi chrétienne et que la recherche de la vie au-delà de la Terre peut réellement approfondir notre compréhension de la grandeur de Dieu en tant que Créateur.

Si nous devions hypothétiquement rencontrer des formes de vie extraterrestres, la question de savoir si elles seraient incluses dans la rédemption du Christ serait profondément théologique. L'Église catholique pourrait envisager plusieurs possibilités en fonction de sa doctrine :

1. **Universalité de la Rédemption** : La doctrine catholique déclare que le Christ est mort pour le salvation de toute l'humanité. Si une vie extraterrestre est découverte, la même logique pourrait s'appliquer, avec la possibilité que la rédemption offerte par le Christ soit universelle et englobe toutes les formes de vie intelligentes. La nature divine du Christ pourrait avoir une portée qui transcende les frontières du temps et de l'espace, au-delà des limites planétaires.

2. **Inculturation et Rédemption** : L'Église catholique enseigne que le message du Christ doit être inculturé dans les différentes cultures humaines. S'il existe des êtres extraterrestres dotés de leur propre culture et rationalité, le principe d'inculturation pourrait s'étendre à eux, permettant ainsi d'adapter le message de salvation d'une manière qui résonne avec leur propre compréhension et expérience. La catéchèse des jésuites dans les Amériques était exactement ainsi, car à l'époque il n'y avait pas assez d'éléments culturels pour que les Tupiniquins comprennent le concept de péché et de grâce salvatrice.

3. **Mystère de la salvation** : Le mystère de la salvation est un thème central de la théologie catholique. Si des formes de vie extraterrestres existent, l'Église pourrait considérer la manière exacte dont ces formes de vie participent à la rédemption comme un mystère appartenant à la sagesse et à la miséricorde divines. Dieu peut avoir des outils et des moyens de sauver qui dépassent la compréhension humaine.

4. **Christ et la création** : Dans Colossiens 1 :16, il est dit que « en Christ toutes choses ont été créées dans le ciel et sur la terre ». Ce passage peut être interprété comme indiquant que la rédemption du Christ peut s'étendre à toute la création, pas seulement à la Terre. Ainsi, si la vie

extraterrestre existe, la rédemption offerte par le Christ pourrait, d'une manière ou d'une autre, s'appliquer également à eux.

L'inclusion de formes possibles de vie extraterrestre dans la rédemption du Christ est une idée qui remet en question les frontières de la connaissance théologique et scientifique. L'Église catholique, avec sa compréhension de l'universalité de la rédemption, peut envisager la possibilité que la salvation offert par le Christ ait une portée qui transcende la Terre, ouvrant la voie à l'inclusion de toute forme de vie intelligente pouvant exister en dehors de notre planète.

En fin de compte, la question reste enveloppée de mystère et de spéculation, et la compréhension complète de la manière dont la rédemption s'applique à toute vie extraterrestre possible appartient à la sagesse infinie de Dieu. L'Église catholique reste concentrée sur l'importance du message du Christ pour l'humanité et sur la recherche continue de la vérité et de la compréhension du dessein divin.

D'une certaine manière, nous avons une excellente nouvelle : s'il existe une vie intelligente sur d'autres planètes, nous avons le devoir de les évangéliser. « Allez dans le monde entier, prêchez l'Évangile à toute la création » (Marc 16 : 15). Tout être doté d'une âme immortelle, capable de discerner entre le bien et le mal, même s'il a la peau verte et les genoux en arrière, mérite de connaître le message de salvation par Notre Seigneur Jésus-Christ.

Ou pensez-vous que la situation était paisible pour les Jésuites lorsqu'ils sont arrivés en Amérique ? Maladies, dangers divers, difficultés de communication. Mais ce sont ces pionniers de l'annonce de l'Évangile de la paix qui ont vécu et sont morts pour accomplir cet ordre divin.

Voici maintenant la mauvaise nouvelle : même si l'on considère l'immensité de l'Univers, la possibilité de trouver de la vie en dehors de la Terre est extrêmement faible et la vie intelligente est pratiquement nulle. C'est une vérité difficile à avaler pour tous les fans de science-fiction, mais la plus grande probabilité est qu'il ne s'agisse que de nous, les êtres humains ici sur le Quartier Terrain.

Cela signifie-t-il que nous cesserons d'explorer d'autres planètes et corps célestes lointains ? Loin de là, je crois que chaque centime dépensé en télescopes, en sondes spatiales et en recherches de tout type en vaut la peine, même pour prouver laquelle des théories sur l'origine de la vie sur Terre est correcte.

Si Dieu a créé le monde, selon la théorie du Big Bang créée par le Père Georges Lemaître et dûment prouvée par Edwin Hubble avec l'observation de l'éloignement des galaxies, vous pouvez être sûr que la main de Dieu est également présente dans la formation de la vie, quelle que soit la nature de la vie, quelle théorie prévaut. Un jour peut-être, Dieu nous permettra de découvrir aussi ce qu'Il entendait par « le souffle de vie dans les narines d'Adam », dans la Genèse, qui nous a accordé une âme immortelle et a fait de nous l'image et la ressemblance du Créateur. Attendons avec foi et espérance.

10. JÉSUS NOUS A-T-IL DEMANDÉ DE PRENDRE L'ÉVANGILE SUR D'AUTRES PLANÉTES?

Cette question mélange des éléments théologiques, spéculatifs et de science-fiction. Pour aborder ce sujet, il est important d'explorer le contexte historique et théologique des messages de Jésus et la manière dont ces messages ont été interprétés au fil des siècles.

Jésus de Nazareth, figure centrale du christianisme, a vécu et prêché en Palestine au 1er siècle. Ses enseignements et sa vie sont principalement enregistrés dans les Évangiles du Nouveau Testament, qui mettent l'accent sur le message de la salvation, de l'amour et de l'arrivée du Royaume de Dieu. Les Évangiles rapportent que Jésus a confié une mission spécifique à ses disciples : « Allez donc et faites de toutes les nations des disciples » (Matthieu 28, 19), connue sous le nom de Grande Commission.

Cette mission a été comprise, dans le contexte historique de l'époque, comme un appel à diffuser les enseignements de Jésus à toutes les nations et à tous les peuples de la Terre. Il n'y a aucune référence explicite dans les textes bibliques traditionnels à d'autres planètes ou mondes que la Terre. La vision de la Grande Commission a donc été interprétée comme un commandement visant à diffuser le message chrétien parmi les peuples de la Terre.

Saint Pierre, Prince des Apôtres, avait-il la moindre idée que la Terre était ronde et qu'il y avait aussi des peuples indigènes dans les Amériques à catéchiser ? Serait-ce le cas. Il y a une histoire dans la tradition catholique selon laquelle Saint Thomas, l'apôtre du manque de foi, est venu ici au Brésil et a prêché la Bonne Nouvelle de la salvation aux indigènes, avant de partir pour la région qui est aujourd'hui l'Inde, où il a été martyrisé.

Les rapports des découvreurs du Brésil disent que les forestiers ici sur la Terre de la Sainte Croix, après avoir reçu l'annonce de l'Évangile et réalisé le lien divin que les prêtres ont établi à travers la Sainte Messe, ont rapporté qu'une personne appelée Zomé était déjà passée par là. ces parties parlaient de Jésus, et ils montraient même une pierre sur une plage, avec un pied droit marqué dessus, signe que l'apôtre était parti quand il est venu ici pour la première fois. Il n'y a aucune preuve scientifique, seulement une preuve historique. Découvrez l'explication de Raphaël Tonon sur le sujet <https://www.youtube.com/watch?v=JLNNvUS9U3M>.

Avec les progrès de la science et de l'exploration spatiale, l'idée de la vie sur d'autres planètes est devenue une possibilité réelle et intrigante. Bien que la Bible ne mentionne pas directement d'autres planètes, certains théologiens et érudits spéculent sur la portée des messages divins dans un vaste univers.

La science-fiction explore souvent des thèmes similaires, créant des scénarios dans lesquels les religions et les enseignements sont adaptés à des contextes extraterrestres. Ces scénarios offrent une manière d'imaginer comment les principes spirituels et éthiques pourraient s'appliquer dans un univers plus large, mais ces représentations sont finalement spéculatives et non basées sur des textes religieux traditionnels.

1. **Mission universelle x mission locale** : Le message de Jésus, tel qu'il est consigné dans les Évangiles, est souvent interprété comme ayant un caractère universel dans le sens où il devrait atteindre toutes les nations de la Terre. L'idée d'apporter l'Évangile sur d'autres planètes n'est pas mentionnée directement, mais peut être considérée comme une extension spéculative de l'idée d'un message universel.

2. **Interprétations modernes** : Certains théologiens et philosophes modernes peuvent explorer l'idée selon laquelle le message chrétien pourrait avoir des implications pour la compréhension universelle, y compris la possibilité d'une vie extraterrestre. Cependant, ces

interprétations n'ont aucun fondement dans des textes anciens et relèvent plutôt de spéculations et de réflexions philosophiques.

3. **Exploration spirituelle et scientifique** : L'exploration spatiale et la recherche de vie extraterrestre ouvrent de nouvelles questions sur la façon dont nous comprenons notre place dans l'univers et sur la manière dont nous appliquons nos principes spirituels et éthiques. Bien qu'il n'existe pas de mandat explicite pour évangéliser d'autres planètes, la recherche d'une compréhension plus profonde de l'univers peut enrichir notre vision spirituelle.

Bien que l'idée selon laquelle Jésus a envoyé l'Évangile sur d'autres planètes ne se retrouve pas dans les traditions chrétiennes ni dans les textes bibliques, elle offre une occasion intéressante de réfléchir à la portée et à la profondeur du message chrétien dans un univers en expansion. La Grande Commission, telle qu'elle est traditionnellement comprise, est un appel à diffuser le message d'amour et de salvation parmi les peuples de la Terre. La spéculation sur d'autres planètes est un exercice fascinant à l'intersection de la foi, de la science et de l'imagination, mais, à ce jour, elle reste du domaine de la spéculation et de la science-fiction.

11. LA VÉRITÉ EST ICI À'INTÉRIEUR

La recherche de la vérité est l'une des caractéristiques distinctives de l'expérience humaine, qui englobe à la fois la science et la théologie. Dans la tradition catholique, la vérité scientifique et la vérité théologique sont considérées comme des voies distinctes qui, bien qu'elles opèrent dans des sphères différentes, peuvent interagir et se compléter. La foi catholique offre un cadre unique pour comprendre comment ces deux formes de connaissance sont liées et s'influencent mutuellement.

La science cherche à comprendre le monde naturel par l'observation, l'expérimentation et l'analyse. Les méthodes scientifiques reposent sur la collecte de preuves empiriques et la formulation de théories qui peuvent être testées et affinées. L'Église catholique a une longue histoire d'implication dans la science, avec notamment des personnalités telles que saint Thomas d'Aquin, qui a intégré les connaissances scientifiques et philosophiques dans sa pensée théologique, et saint Albert le Grand, saint patron des sciences naturelles.

L'Église a toujours reconnu la validité de la méthode scientifique et l'importance des découvertes scientifiques pour comprendre le fonctionnement de l'univers. Dès les premiers jours de la science moderne, de nombreux scientifiques étaient également de fervents catholiques, comme Gregor Mendel, le père de la génétique, et Georges Lemaître, le prêtre et astronome qui a formulé la théorie du Big Bang. Louis Pasteur, pionnier de la microbiologie et inventeur du vaccin contre la rage, priait dévotement le Rosaire, et ne laissait pas les Lumières de l'époque contaminer sa pensée ou sa foi. (https://fr.aleteia.org/2019/01/24/le-jour-ou-louis-pasteur-demontra-que-science-et-foi-etaient-compatibles).

La théologie, quant à elle, est l'étude de la révélation divine et de la relation entre Dieu et l'humanité. La théologie catholique s'appuie sur l'Écriture et la Tradition et cherche à comprendre le plan de Dieu pour le monde et la salvation. Le Catéchisme de l'Église catholique et les œuvres des Pères de l'Église sont les principales sources de connaissances théologiques.

Pour l'Église catholique, la vérité théologique est révélée par Dieu et accessible par la foi et la raison. La vérité théologique n'est pas une simple construction humaine, mais une découverte du dessein divin, considéré comme absolu et immuable.

La foi catholique enseigne que la science et la théologie, bien que distinctes, ne sont pas essentiellement en conflit. L'Église catholique considère les deux comme des moyens de rechercher la vérité et estime qu'ils peuvent coexister et se compléter. Ce point de vue repose sur la conviction que la vérité est en fin de compte une et que la science et la théologie cherchent à comprendre différents aspects de la même réalité.

L'Église catholique défend l'idée selon laquelle la science et la théologie abordent différentes dimensions de la réalité. La science explore le « comment » du monde naturel, tandis que la théologie cherche à répondre au « pourquoi » de l'existence et du but. L'Encyclique Fides et Ratio du Pape Jean-Paul II affirme que « la philosophie et les sciences se situent dans l'ordre de la raison naturelle, tandis que la foi, éclairée et guidée par l'Esprit, reconnaît dans le message de la salvation la plénitude de la grâce et de la vérité » (Jn 1, 14) que Dieu a voulu révéler dans l'histoire, définitivement, à travers son Fils Jésus-Christ (1 Jn 5, 9 ; Jn 5, 31 et 32)».

Le dialogue entre science et théologie peut conduire à une compréhension plus riche de la vérité. La compréhension scientifique des origines de l'univers, par exemple, peut enrichir la vision théologique de la création, tandis que les réflexions théologiques peuvent offrir une perspective sur les limites et les objectifs de la science. L'Église encourage ce dialogue, car elle croit qu'il peut promouvoir une vision plus complète et plus harmonieuse de la réalité.

Lorsque des conflits apparents surgissent entre la science et la théologie, l'Église catholique cherche à les résoudre par une approche qui respecte l'intégrité des deux disciplines. Plutôt que de considérer les conflits comme des batailles, l'Église les considère comme des opportunités d'approfondir la compréhension et d'ajuster les interprétations théologiques à la lumière des nouvelles découvertes scientifiques.

L'histoire offre plusieurs exemples de la manière dont l'Église catholique a réconcilié la science et la théologie. Les arguments en faveur de la théorie héliocentrique, défendue par Galileo Galilei, se sont d'abord heurtés à des résistances, mais ont finalement été soigneusement intégrés dans la compréhension catholique de la création. Plus récemment, l'acceptation de la théorie du Big Bang et de l'évolution biologique (comme déjà expliqué dans le chapitre sur la théorie du design intelligent) au sein de l'Église démontre la capacité d'adapter et d'enrichir la théologie à mesure que de nouvelles preuves scientifiques émergent.

Le texte biblique de Genèse 1 : 3 éclaire l'esprit humain dès le début : « Dieu dit : que la lumière soit ! Et la lumière fut faite». BANG! Premier jour. Maintenant, nous comprenons au moins à quoi ressemblait cette explosion cosmique, qui a simplement fait exploser toute l'énergie accumulée de l'Univers et a tout mis en mouvement. Un BIG d'un BANG ! Contradiction? Seulement dans ta tête !

La découverte de la vérité, tant scientifique que théologique, est un effort continu visant à mieux comprendre l'univers et la place de l'humanité en son sein. La foi catholique offre un contexte qui considère la science et la théologie comme des domaines qui, bien que distincts dans leurs méthodes et leurs objectifs, peuvent collaborer et s'enrichir mutuellement. L'Église croit qu'en recherchant la vérité avec humilité et ouverture, les êtres humains peuvent parvenir à une compréhension plus profonde et plus complète de la réalité, reflétant l'unité et l'intégrité de la création divine.

La scène finale du film « Star Trek – La Dernière Frontière » est très intéressante, car elle illustre bien cette pensée. Dans le film, un Vulcain renégat nommé Sybok cherche un moyen d'atteindre le centre de la Voie

Lactée et de trouver Dieu. Si cela ne vous dérange pas, il y a des spoilers dans les paragraphes suivants.

En bref, Sybok détourne l'Enterprise et emmène tout le monde aux coordonnées 0 – 0 – 0 – 0, le centre de la Voie Lactée. Là, il rencontre une entité très étrange, qui s'intitule Dieu, qui demande au vaisseau spatial de se rapprocher pour comprendre comment les voyageurs ont surmonté la barrière galactique (c'est-à-dire le voyage intergalactique). Le capitaine Kirk interroge le supposé Dieu en lui demandant comment un être Tout-Puissant et Omniscient ne connaît ni ne peut surmonter la barrière de la galaxie et a besoin d'un vaisseau spatial.

Après de nombreux faisceaux de protons sur l'extraterrestre détourneur qui voulait se faire passer pour Dieu, le docteur McCoy demande au capitaine Kirk : "Alors ça veut dire que Dieu n'existe pas ?", et la réponse valait tous les clichés du film jusqu'à présent : "En fait, Bones (le surnom de McCoy), **il est parmi nous**." Fin du film.

Qui savait que, malgré tous les progrès scientifiques et technologiques, le personnage du capitaine Kirk croyait toujours en Dieu ? Et connaissiez-vous Sa Parole ? Qui aurait pensé qu'un film qui a marqué toute une génération de scientifiques, d'érudits, d'inventeurs et de nerds en tout genre citerait un passage biblique (Luc 17, 21) ?

Connaissez-vous vous-même, telle est l'invitation de Jean-Paul II dans *Fides et Ratio*. Nous n'avons pas besoin de parcourir les galaxies pour trouver la vérité. Elle est ici. Elle est parmi nous.

12. CONCLUSION

Dieu existe-t-il ? Oui, ça, nous le savons. Croyez qui veut.

Dieu a-t-il créé l'Univers ? Oui, nous le savons, il existe suffisamment de preuves scientifiques.

Dieu a-t-il créé la vie sur Terre ? Oui, nous avons des preuves en ce sens, la signature de Dieu est présente dans toute forme de vie et dans toute la création (Sagesse 13, 5).

Dieu a-t-il créé l'homme à son image et à sa ressemblance ? Croyez-le ou non, nous ne sommes pas le fruit du hasard.

Y a-t-il de la vie en dehors de la Terre ? Nous ne savons pas. Une vie intelligente ? Nous ne savons pas. La seule certitude est que, si elle existe, c'est Dieu qui l'a créée. Je vais livrer cette réponse incomplète.

Jésus était-il un extraterrestre ? Non, Il est né ici, de la Vierge Marie, par l'œuvre du Saint-Esprit de Dieu. Jésus existait depuis le début (Jean 1 : 1).

Les miracles sont-ils des formes de technologies avancées et inconnues ? J'en doute fortement, car Dieu accomplit l'impossible sans avoir besoin de satisfaire personne. Les chars de feu décrits par Ézéchiel (Ez 1) et Élie (2 Rois 2, 11), l'étoile directrice des Mages (Matthieu 2, 1), ne sont rien d'autre que des interactions visibles d'éléments surnaturels dont les observateurs ont pu être témoins.

Qu'en est-il des métaux extraterrestres pour construire des vaisseaux spatiaux ? Maintenant, va étudier la chimie ! D'où viennent ces gens...

Serons-nous capables d'obtenir suffisamment d'énergie pour faire des voyages intergalactiques grâce à la physique quantique ? Max Planck serait étonné de voir comment chacun utilise le mot « quantique » pour donner plus de crédibilité à son produit ou service. Étudiez un peu la physique et vous comprendrez.

Le paradis est-il un endroit ? Oui. Le paradis est-il un état d'esprit ? Oui.

Est-il possible d'atteindre le paradis ? Oui, l'union à Dieu par la prière, l'ascétisme, les sacrements, en particulier la Sainte Eucharistie.

Les expériences mystiques de Sainte Marie Faustine Kowalska avec Jésus montrent clairement qu'il existe une profonde interaction entre le ciel et la terre, entre la réalité matérielle et la vie surnaturelle. En plus de l'Apôtre de la Divine Miséricorde, tant de jeunes ont eu des rencontres avec Notre-Dame dans tant d'endroits à travers le monde qu'il est possible de dire trois choses :

- il y a un énorme soutien dans une autre existence pour que chacun de nous y arrive aussi (la salvation est pour tous, Jean 10, 10) ;

- il y a aussi le groupe de ceux qui sont exclus de la grâce de Dieu, qui passent toute l'éternité à essayer d'attirer plus de personnes dans leur équipe ;

- tôt ou tard, nous devrons emprunter l'un de ces deux itinéraires, un itinéraire à sens unique. Attendrez-vous pour réserver le billet la veille, lorsque le billet devient plus cher ?

Et avec un vaisseau spatial ? Même si un jour l'humanité parvient à surmonter les énormes défis technologiques d'un voyage intergalactique, en arrivant à la demeure éternelle, le voyageur trouvera « des anges avec des épées de feu qui gardent le lieu » (Genèse 3, 24).

En d'autres termes, vous ne pouvez pas entrer dans la fête sans billet d'entrée. Le dernier qui tentait d'entrer dans la fête sans les vêtements appropriés (état de grâce, union avec Dieu) avait les pieds et les mains liés et jeté dans l'obscurité (Matthieu 22, 15). Allez-vous y faire face ?

Y a-t-il un passage dans la Bible qui parle des extraterrestres ? Cette réponse est plus complexe et nécessaire pour éviter les fausses interprétations de la Parole de Dieu.

Sans l'ombre d'un doute, la Bible mentionne des êtres intelligents non humains, des créatures possédant une pleine connaissance de la vérité révélée et capables de connaître et de déterminer le Bien et le Mal. Ce sont les anges de Dieu et les anges déchus. Mais ce ne sont pas les seules créatures intelligentes que l'on trouve dans les textes bibliques.

Les Nephilim sont une figure énigmatique mentionnée brièvement dans la Bible, notamment dans le livre de la Genèse. Bien que son rôle et sa nature ne soient pas tout à fait clairs, la tradition catholique propose quelques interprétations et contextes qui aident à comprendre sa place dans le récit biblique. Nous conceptualiserons les Nephilim à la lumière de la foi catholique, en abordant leurs origines, leurs interprétations et leurs implications théologiques.

La référence la plus directe aux Nephilim se trouve dans Genèse 6 : 1-4 :

« Lorsque les hommes commencèrent à se multiplier sur la terre et que des filles leur naquirent, les fils de Dieu virent que les filles des hommes étaient belles ; il luttera pour toujours avec l'homme, car il est chair ; mais ses jours seront de cent vingt ans. À cette époque-là, les Nephilim étaient sur la terre, et aussi après, lorsque les fils de Dieu allèrent avoir des relations avec les filles des hommes et que des enfants leur naquirent, ce sont les hommes forts qui étaient autrefois, les hommes célèbres. »

Ce passage est le seul de la Bible qui mentionne explicitement les Nephilim et est accompagné d'une série de questions interprétatives et de débats sur leur véritable nature.

Dans la tradition catholique, une interprétation courante est que les Nephilim étaient des géants ou des êtres d'une stature extraordinaire. Cette interprétation est basée sur des traductions anciennes du mot « nephilim » par « géants ». L'expression « les hommes forts d'autrefois » est souvent considérée comme une référence à des personnages mythiques ou légendaires de l'Antiquité, connus pour leur grandeur et leurs actes héroïques.

Une autre interprétation est que les « fils de Dieu » et les « filles des hommes » font référence à deux lignées différentes : les descendants de Seth (les « fils de Dieu ») et les descendants de Caïn (les « filles des hommes »). Selon cette vision, les Nephilim seraient les descendants de ces unions, décrits comme de grands héros ou guerriers se distinguant par leurs exploits.

Certaines traditions et textes apocryphes suggèrent que les Nephilim auraient pu être des anges déchus ou des êtres surnaturels ayant interagi avec l'humanité de manière corrompue. Ce point de vue est plus courant dans la littérature apocryphe, comme le Livre d'Enoch, qui détaille l'histoire des « observateurs » – des anges qui sont descendus sur Terre et ont pris des épouses humaines, engendrant ainsi une race de géants. Bien qu'elle ne fasse pas partie du canon officiel, cette tradition a influencé certaines interprétations sur les Nephilim, qui ont longtemps été écartées pour une raison très simple et évidente : les anges ne procréent pas (ils n'ont même pas de sexe défini, allez).

L'Église catholique, dans ses interprétations officielles, n'adopte pas le point de vue des Nephilim comme des anges déchus, puisqu'il s'agit d'une interprétation davantage associée aux textes non canoniques. Au lieu de cela, la tradition catholique a tendance à se concentrer sur l'idée que les Nephilim étaient des figures notables et puissantes de l'Antiquité, reconnaissant l'ambiguïté et le symbolisme présents dans le texte biblique.

Dans la tradition catholique, le message central du récit des Nephilim ne concerne pas tant la nature de ces êtres que les conséquences de la désobéissance humaine et de la corruption. Le texte de Genèse 6 est interprété comme un préambule au Déluge, considéré comme une réponse divine à la montée du mal et de la corruption sur Terre. La présence des Nephilim est donc une autre manière de mettre en lumière l'environnement moral décadent qui a conduit au jugement de Dieu.

Le Catéchisme de l'Église catholique ne fournit pas de doctrine spécifique sur les Nephilim, mais il souligne que la vérité révélée dans l'Écriture doit être comprise dans le contexte de la salvation et de la moralité chrétienne. L'Église se concentre sur la manière dont ces textes bibliques révèlent des aspects de la nature humaine et du plan divin, plutôt que sur des détails spécifiques concernant des personnages énigmatiques.

Les Nephilim restent une figure énigmatique au sein de la tradition catholique, avec des interprétations allant des géants légendaires aux figures puissantes des temps anciens. Bien que l'Église catholique n'ait pas de position dogmatique détaillée sur les Nephilim, elle propose un point de vue qui les place dans le contexte moral et théologique de l'Écriture. En fin de compte, le récit des Nephilim sert de toile de fond à une réflexion sur la nature humaine, la désobéissance et le jugement divin, soulignant l'importance de la justice et de la droiture dans l'histoire de la salvation.

La plupart des biblistes soutiennent que les Nephilim et les fils de Dieu dans la Genèse peuvent être compris comme une référence à la mythologie de la création du monde par les païens qui vivaient avec l'ancien Israël et ont été écrits par ce type de personne dont la culture a vu toute personne qui n'était pas de sa tribu comme étant étrangère (extraterrestre vient du latin Alienus, étranger, qui vient de l'extérieur, c'est pourquoi étrangers et extraterrestres peuvent être utilisés comme synonymes).

Que ces créatures soient des anges ou des extraterrestres n'a pas vraiment d'importance pour notre argumentation ici. Le nœud du problème est que les anciens auteurs de la Bible, comme tous les peuples anciens, n'ont même pas envisagé la possibilité de l'existence d'autres êtres intelligents, parce qu'ils étaient assez humbles pour reconnaître à quel point leurs connaissances étaient limitées. Le monde était un grand endroit, en grande partie inconnu et probablement hostile. Ils ne savaient pas que la Terre était ronde.

C'est un fait que ce Dieu, révélé à son peuple élu, qui a créé toutes ces autres créatures, entretient une relation d'amour particulière avec son peuple : le peuple d'Israël et, par l'œuvre rédemptrice du Christ, toute l'humanité sont devenus « enfants de Dieu ». », que Jésus a réussi à faire de nous, selon les paroles de saint Paul (Romains 8, 17), des « cohéritiers » de son Royaume.

Pour que Jésus vienne dans ce monde païen, Dieu devait d'abord former un peuple qui croyait au Dieu unique (et non aux gens qui idolâtraient le Soleil, les animaux, les volcans et divers paganismes) et au sein de ce peuple, choisir la femme parfaite pour Son Fils (Quelle enfance aurait eu Jésus si Notre-Dame était née ou avait vécu en Perse ou à Babylone ?).

Ainsi, les enfants de Dieu étaient le peuple israélien et les enfants des hommes étaient le peuple païen. Tous les êtres humains, descendants d'Adam et Ève.

En fait, ce n'est qu'au XVIIIe siècle que le scepticisme à l'égard de l'existence d'autres créatures s'est imposé. Aujourd'hui encore, l'étude scientifique de la vie dans l'univers doit lutter avec acharnement pour vaincre les préjugés de notre culture moderne selon lesquels les êtres extraterrestres ne sont rien d'autre qu'une invention ou une superstition.

La plupart des histoires racontées par les pionniers parcourant le monde à cette époque étaient peut-être vraies, mais la grande majorité n'étaient que de pures inventions. On ne peut pas combattre une superstition par une autre superstition, mais seulement par la vérité.

La science doit corriger les superstitions de son époque. À son tour, comme le déclare le pape Jean-Paul II, la religion doit également nous rappeler les limites de nos connaissances scientifiques.

Le but de toute cette discussion est simple. Il n'y a rien dans les Saintes Écritures qui puisse confirmer ou contredire la possibilité d'une vie intelligente dans d'autres parties de l'univers. Nous ne savons pas. Nous sommes libres de spéculer.

Mais cette spéculation trouve ses limites dans deux principes cruciaux de notre foi. Premièrement, tout ce qui existe a été créé par un Dieu d'amour. Et deuxièmement, peu importe ce que Dieu fait ou ne fait pas avec le reste de la création, rien de ce que nous découvrirons ne contredira ce que nous savons qu'Il a fait ici pour nous.

Pouvons-nous faire des voyages spirituels vers d'autres planètes ? Sérieusement, tu veux vraiment que je parle de ça ?

Dans le contexte de la foi catholique, profondément enracinée dans la tradition et la doctrine révélée, cette notion est abordée avec un regard critique et réfléchi. Bien que l'Église catholique ne traite pas spécifiquement des voyages spirituels vers d'autres planètes, certains principes théologiques et spirituels peuvent offrir une perspective sur la manière d'envisager cette idée.

L'Église catholique fonde sa doctrine sur la Révélation divine, qui comprend les Écritures et la Tradition. La foi catholique enseigne que Dieu a créé l'univers et tout ce qu'il contient. La vision catholique du cosmos est celle de l'ordre et du but, et la création est considérée comme le reflet de la grandeur et du plan divins.

Le Catéchisme de l'Église catholique souligne l'importance de la prière et de la méditation comme moyen de se rapprocher de Dieu et de mieux comprendre son projet pour l'humanité. Cependant, l'idée de voyager spirituellement vers d'autres planètes n'est pas une pratique ou un concept formellement reconnu par l'Église.

En d'autres termes, dans la tradition catholique, il n'y a pas de voyages spirituels, mais plutôt des EXPÉRIENCES MYSTIQUES, au cours desquelles les saints ont eu des visions ou des expériences surnaturelles. Ces rencontres ont souvent une dimension symbolique et sont considérées comme des moyens par lesquels Dieu révèle des aspects de sa volonté ou de sa présence.

Par exemple, sainte Thérèse d'Avila et saint Jean de la Croix, mystiques carmélites, parlent d'expériences spirituelles profondes qui transcendent les limites de l'espace et du temps. Cependant, ces expériences sont interprétées comme des visions de la réalité spirituelle et non comme des voyages physiques ou littéraux vers d'autres mondes.

Saint Jean Bosco, avec l'aide et la protection de son ange gardien, a vécu des expériences mystiques qui lui ont fait entrevoir le paradis, l'enfer et le purgatoire, qu'il a décrits et qui figurent dans un livre portant ce titre. Il l'a aperçu d'un coup d'œil, car ce sont des endroits dans lesquels Dieu n'autorise pas les excursions ni le camping. Lisez le livre et voyez : ce que l'Apôtre de la Jeunesse a vu n'était pas une hallucination, à tel point qu'à la fin de l'expédition, la paume de sa main avait de graves brûlures, juste pour avoir touché la porte du royaume de perdition.

De nombreux saints ont eu le don de bilocation : Felipe Neri, Catarina de Ricci, Pedro de Alcântara, Afonso Maria de Ligório, Antônio de Pádua, le Brésilien Frei Galvão et Padre Pio ont voyagé dans d'autres villes et pays et sont revenus en même temps. Sainte Rita de Cássia, après un moment d'extase, apparut miraculeusement à l'intérieur d'un couvent. Qu'est-ce qui les empêcherait de visiter d'autres planètes ? Simple.

Les bilocations se sont produites pour que les saints puissent faire LA VOLONTÉ DE DIEU dans leur vie, et non par simple curiosité. L'intention dans tous les cas était de SAUVER l'ÂME de quelqu'un, à travers le saint. Comprenez tout de suite : la connaissance pour la connaissance n'apporte aucune subsistance à l'âme. Malheureusement, l'agnosticisme a déjà fait trébucher de nombreuses personnes.

La prière, la méditation et les sacrements sont les moyens par lesquels les catholiques recherchent une union plus profonde avec Dieu et une meilleure compréhension de sa création. La grande expérience mystique que tout catholique doit rechercher se trouve dans l'Eucharistie, car à travers le Sublime Sacrement nous pouvons, au moins pour un instant, toucher le plan surnaturel, le monde d'en haut (même si au début il ne touche que le haut de la bouche).

« Ma chair est vraiment une nourriture, et mon sang est vraiment une boisson » (Jean 6 :56). Certains païens étaient anthropophages (cannibales), tandis que les catholiques étaient christologiques (eucharistiques). Cependant, faites attention à un détail important : « C'est pourquoi quiconque mangera le pain ou boira indignement le corps du Seigneur sera coupable envers le corps et le sang du Seigneur » (1 Corinthiens 11, 27).

Important : pour vivre une excellente expérience avec Jésus à la Sainte Messe, il est nécessaire d'avoir une préparation spirituelle (confession sincère, dévotion eucharistique), qui commence dès que l'on décide d'aller à l'église ce jour-là. Je vais vous donner un conseil important : arrêtez de suivre la messe à travers le tract, cela n'a aucun sens de regarder un morceau de papier alors que le ciel se dévoile sur l'autel, au moment de la consécration.

Comment expliquer les stigmates de Padre Pio, de sainte Rita de Cassia, de saint François d'Assise ? Tous les médecins qui examinèrent les plaies ouvertes de la Sainte de Pietrelcina (comme il s'agissait du cas le plus moderne, la médecine était alors très avancée, capable de prouver si c'était un faux ou un vrai), durent s'incliner devant le miracle (ou du moins l'incapacité de trouver une explication à une blessure qui ne guérit pas, ne s'infecte pas et ne mutile pas le patient alors qu'elle a duré cinquante ans).

Est-il possible de trouver une explication aux miracles eucharistiques, comme ceux de Lanciano, Santarém, Buenos Aires, Tixtla, Sokolka et Legnica ? Dans tous, les mêmes résultats : sang AB+, ADN humain, globules blancs et rouges indiquant que la personne est vivante, tissu d'un myocarde humain, prélevé dans le ventricule gauche d'un cœur enflammé, avec des signes de passage par la voie suprême angoisse.

Dans tous les cas, l'explication scientifique est qu'il n'y a pas d'explication scientifique. La réponse à ce mystère ne se trouve que sur le chemin entre Gethsémani et Golgotha. « Renonce à toi-même, prends ta croix et suis-moi » (Matthieu 16, 21).

Suivre Jésus, ce n'est pas seulement dans des conditions idéales de température et de pression, mais le vrai chrétien est avec Christ sur le Calvaire. Cette expérience mystique n'a pas de prix, mais elle a un coût très élevé. « Car vivre pour moi, c'est Christ, mourir pour moi, c'est un gain » (Philippiens 1, 21). Le bon chemin vers le paradis.

En ce sens, les expériences mystiques peuvent être considérées comme un voyage intérieur vers une plus grande communion avec Dieu et une meilleure compréhension de son projet. Ces voyages sont guidés par la foi et la pratique spirituelle et sont considérés comme des chemins vers une transformation personnelle et spirituelle.

Malheureusement, nombreux sont ceux qui prétendent être mystiques simplement pour leur gain personnel, leur argent, leur renommée, leur statut social, etc. « Chaque arbre est connu par le fruit qu'il produit » (Luc 6, 44). Les vrais mystiques, au contraire, recherchaient la pauvreté, l'anonymat et même l'humiliation, parce qu'ils ne voulaient pas courir le risque de perdre le paradis parce que leur ego était gonflé d'orgueil.

Les expériences mystiques sont très personnelles, elles sont souvent un événement entre la personne et Dieu, comme le miracle du sourire entre Notre-Dame et Sainte Thérèse de l'Enfant Jésus (le miracle du Soleil, dans la dernière apparition de Fátima, dont a été témoin des milliers de personnes, est une exception). Je vous laisse avec quelques exemples qui m'est arrivé :

- lors d'un examen public, j'ai commencé à prier le chapelet avant de commencer les examens, et même sans avoir étudié certaines matières, en lisant les questions les parties importantes étaient automatiquement éclairées, ce qui m'a beaucoup aidé à être approuvé;

- lors de la deuxième épreuve de ce même examen public, j'ai arrêté le chapelet dans le quatrième mystère et j'ai ouvert l'épreuve, pour découvrir que les mots étaient tous mélangés ; J'ai repris le chapelet, prié le dernier mystère et le Je vous salue Reine ; quand je l'ai rouvert, les lettres étaient en ordre, éclairant même les questions pour montrer qu'elles seraient nulles ;

- alors que je revenais d'une mission, je me suis retrouvé accidentellement dans le mauvais aéroport. J'ai pris un taxi et j'ai également dit un chapelet, expliquant que je ne pourrais pas changer le ticket. Ce jour-là, le vol a eu quatre heures de retard, le seul vol retardé de la journée, et j'ai réussi à embarquer au dernier appel ;

- Je dormais seul à la maison tôt le matin quand une voix m'a appelé fort : « Rogério ! », et je me suis réveillé juste à temps pour un rendez-vous important ;

- à plusieurs reprises, en conduisant sous la pluie la nuit, j'ai évité un accident parce que j'avais le Rosaire dans les mains, priant même sans grande dévotion.

En fait, ce sont de petits miracles par rapport à tout ce qui se passe dans nos vies, à la façon dont Dieu nous a fait ce merveilleux cadeau et à tout ce qui s'y rapporte. Comme Chesterton l'a déjà expliqué, les enfants voient des miracles parce qu'ils ont toujours la capacité de s'émerveiller même devant la monotonie de la vie. *« Il se peut qu'Il (Dieu) ait un éternel appétit d'enfance ; car nous péchons et vieillissons, et notre Père est plus jeune que nous. La répétition dans la nature n'est peut-être pas une simple récurrence ; elle pourrait être une BIS de théâtre. Le ciel a peut-être demandé du BIS au petit oiseau qui a pondu un œuf. »*

Les merveilles existent, c'est nous qui devenons secs de cœur et perdons la capacité de nous émerveiller. *« En vérité, je vous le dis, à moins que vous ne vous convertissiez et ne deveniez comme des petits enfants, vous n'entrerez pas dans le royaume des cieux. » (Matthieu 18, 3).* Pour un cœur de pierre, il n'y a pas d'expérience mystique suffisante, mais pour un cœur ouvert, toute existence est un don de Dieu, une expérience merveilleuse même en faisant la vaisselle.

La foi catholique offre un contexte pour réfléchir sur la relation entre le spirituel et le matériel, le connu et l'inconnu. La vision catholique de l'univers est une création ordonnée et guidée par Dieu, et les expériences spirituelles sont comprises comme des voies permettant d'approfondir la relation avec le divin.

La spiritualité catholique invite les croyants à explorer les dimensions plus profondes de la réalité par la prière et la méditation, en cherchant toujours à mieux comprendre le plan divin et la création.

Le voyage le plus grand et le plus important que l'être humain puisse accomplir est la rencontre personnelle avec Dieu, l'expérience la plus sublime pour notre âme. Ce voyage mystique requiert bien plus que des connaissances scientifiques ou même théologiques (beaucoup de saints étaient analphabètes, mais ils possédaient une sagesse qui ferait envie à de nombreux professeurs d'université), il nécessite une vie de prière, d'ascétisme, de dévotion, de sacrements... bref, cherchant les choses d'en haut (Colossiens 3 : 1).

Vous pouvez construire un excellent vaisseau spatial grâce à votre progrès spirituel, obtenu en connaissant Dieu et en vous connaissant. Soyez vous-même une fusée vers le ciel, construite avec des vertus et propulsée par la force du Saint-Esprit. C'est le grand voyage de nos vies.

Si Dieu le permet, nous nous y retrouverons. Bon voyage.

###

Ce livre représente l'opinion de l'auteur et rien de plus ; il ne représente les opinions d’aucun gouvernement, organisation ou tiers.

De même, il ne contient aucune information sensible ou confidentielle. Je respecte toujours les règles.

Merci de l'intérêt que vous portez à la lecture de ce livre électronique. Mes sincères remerciements.

Bien sûr, beaucoup de gens ne seront pas d'accord avec lui, comme c'est souvent le cas dans toute discussion... C'est pourquoi j'aimerais connaître votre point de vue.

N'hésitez pas à envoyer vos suggestions, commentaires et opinions à rogeriocietto@gmail.com, Objet Étaient-ils les saints des astronautes ?. Votre email est bienvenu.

Autres livres publiés, disponibles dans les principales librairies en ligne, en différentes langues :

- Armure du Chrétien – Préparation et engagement dans le combat spirituel
- Ecomaison – Une vision holistique de la vie durable
- Le Lion et le Dragon – un conte fictif sur l'économie et la politique
- En combattant le bon combat – comment lutter contre le terrorisme avec une mission de paix
- Le fusible du fusil – le terrorisme comme cadre juridique pour l'application du droit international humanitaire

J'ai le regret de vous informer que vous ne me trouverez pas sur Facebook, Twitter, Orkut ou tout autre réseau social.

Quelques informations sur moi :

Formation académique

1998 - 2002 - Diplômé en Droit.

Faculté de droit Itu, Faditu, Brésil

2004 - 2005 - Diplôme d'études supérieures en droit fiscal.

Faculté de droit Itu, Faditu, Brésil

2008 - 2008 - Diplôme Universitaire d'Applications Complémentaires aux Sciences Militaires - Droit.

École d'administration de l'armée, EsAEx, Salvador, Brésil

2009 - 2010 - Postgraduate (Spécialisation) en Droit International Humanitaire

Programme HUMANMED - Université de Nice, France

2011 - 2012 – Qualification Professionnelle en Opérations de Paix

Institut de formation aux opérations de paix, États-Unis d'Amérique

2016 – 2016 – Cours d'officier supérieur militaire

École des Officiers Supérieurs Brésiliens

2018 – 2019 – Postgraduate en droit militaire

Centre universitaire du sud de Minas, Brésil

2020 - 2021 – Master Universitaire en DDHH, DIH et Droit Opérationnel

Université Antonio de Nebrija, Espagne
Organisations militaires dans lesquelles j'ai été :
2008 - École d'Administration de l'Armée, Salvador, Brésil
2009 – 8ème Région Militaire, Forêt Amazonienne, Belém, Brésil
2010 – Compagnie Frontalière Amapá, Oiapoque, Brésil
2011 – Département d'ingénierie et de construction, Brasilia, Brésil
2012 – Bataillon brésilien en Haïti, Port-au-Prince, Haïti
2013 – Commandement des opérations spéciales, Goiânia, Brésil

www.ingramcontent.com/pod-product-compliance
Lightning Source LLC
LaVergne TN
LVHW091228150826
845673LV00003B/1066

* 9 7 9 8 2 3 0 2 9 6 5 1 5 *